Kay Ganahl

Gedichte über Kultur und Natur

Kay Ganahl

Gedichte

über

Kultur und Natur

Bibliografische Information der Deutschen Nationalbibliothek

Die Deutsche Nationalbibliothek verzeichnet diese Publikation in der Deutschen Nationalbibliografie; detaillierte bibliografische Daten sind im Internet über http://www.dnb.ddb.de abrufbar.

ISBN 9 783759 750266

Herstellung und Verlag: BoD – Books on Demand,

Norderstedt

Inhalt

185 **<u>2/Natur</u> gewalten gestalten**

Einleitende Sätze

Gedanken zu zwei existenziellen Themenfeldern dichterisch zu verarbeiten, nämlich solche über die Kultur, zumal die Literatur unserer Ära, außerdem zu Fragen der Natur, ist das Hauptanliegen.
Durch diese Schwerpunkte wird das Buch in zwei Teile gegliedert. Als solche stellen sie in ihm weder Gegensätze noch Widersprüche dar, sondern ergänzen einander, sind es doch Teile der subjektiven Wahrnehmung eines Menschen, nämlich des Dichters - von der Kultur in einer Gegenwartsgesellschaft und von Naturerfahrungen.
Er hat von der Warte aus, wo er steht, persönlich gesehen, gefühlt, gedacht und geschrieben. Gedichte können nie wissenschaftlich-objektiven Ansprüchen genügen, sollen sie ja auch nicht. Also geht es um die innere Haltung des Dichters als eines Betrachters, zudem um die kritische Auseinandersetzung mit Kultur und mit Natur in vielen Bedeutungen.
Dies betrifft besonders die Literatur, auch den sogenannten Literaturbetrieb. Dabei haben Vergangenheit, Gegenwart und Zukunft je eine eigene Gewichtung.
Die Literatur bildet im Kultur-Teil den Schwerpunkt.

Die subjektive Naturerfahrung reibt sich am Wissen und an den Informationen über die Natur desjenigen, der sich z. B. als Spaziergänger oder Wanderer „Organismus inmitten anderer Organismen" empfindet. Die Natur befindet sich längst in einer großen Krise, ihre Rettung ist ohne Zweifel die größte Aufgabe unserer Zeit.
Längst ist man darüber hinweggekommen, im Bürger nur den zu sehen, der sich ausschließlich zum unmittelbaren technischen und wirtschaftlichen Vorteil über die Natur der Erde erheben will.

1
Kult-LIT

Das Leben ist auch Literatur

URSPRÜNGE

Weißt Du? Sachliche Fragen ...

Weißt Du, was alles nötig ist, um klare, kreative Gedanken zu fassen, sie in Sätze oder andere Gebilde zu verwandeln, so dass tragende Inhalte und verständliche Aussagen zustande kommen?

Weiß Du denn, dass das Interesse der Menschen an Kultur oft viel zu gering ist, um überhaupt Aufmerksamkeit für Kulturschaffende, auch und gerade LiteratInnen, zu erzeugen?

Weißt Du schon, dass so einige SchriftstellerInnen, bildende KünstlerInnen, MusikerInnen, Kulturschaffende allgemein oft nach Anerkennung dürsten, die Ihnen nicht selten vorenthalten wird, weil Menschen kulturelles Schaffen nicht genug achten?

Weißt Du, wie gut Kulturschaffende sich fühlen können, wenn die Kreativität während der Arbeit zu Gefühlen der Zufriedenheit und sogar Erfüllung führt – sogar Erkenntnisse keimen und das, was sie tun, eben doch bei ihren Mitmenschen auf Zustimmung und Begeisterung stößt?

Nun, weißt Du, dass Schöpfungen des Geistes „raus müssen", weil sie anderen mitgeteilt werden müssen, ob ihr Schöpfer es will oder nicht?

Aber weißt Du denn vielleicht, dass solche Schöpfungen durchaus auch für sich selbst einen Sinn und eine Bedeutung haben können, ohne dass die Mitmenschen sie zur Kenntnis nehmen und besser?

VORwortig

Wenn die gummiartigen Schatten
Vor einem rennen –
Bunte, veränderbare Masken
Aufgezwungen werden:
Das eiserne Gewölk zerbricht!
Über ihnen, unter ihnen
Urin zu einem machtvollen Strom
Wird – Hirnmasse zerquetscht
Und in die roten Augenhöhlen gestopft wird.
Das sei Leben.

Sonnig ist es hier ja nie, heißt es.
Jeder weiß es, wusste es.
Menschen gibt's allenthalben – sie murren schnell
Ereifern sich, wollen Erfolgreiche absägen
Wollen kommandieren
Und leicht zu Geld kommen.
Es sei dies wichtig.
Aber: Möglichst wollen sie nichts tun.
LebensUnsinn pur! Glückwunsch!
So darf es weitergehen … massiv …

Kultur kann noch berücken.
Man gibt gern Kunde
Von dem Können der Schöpfer,
Die dem einen Schöpfer Paroli bieten.
Ihm alles entreißen wollen!
Ja, diejenigen mit dem

Großen Können und einem unglaublichen Tempo
Reißen vieles an sich
Unterwerfen sich die Dummheit
Entsagen Lastern, bauen Burgen -

Offen und unübersehbar, für lange Zeit
Entgrenzend nach vorne orientiert
Lassen sie alles Antiquierte
Hinter sich
Echauffieren sich über die Sitzenbleiber
Und Blockierer des Kultur-Vorwärts,
Welches sie lieben.
Es blitzt ein hoher Geist auf.
Geist im Tun öffnet neue Horizonte –
Unbändiges Wollen …

Das Beginnen

Vor dem Erwachsenwerden
klein anfangen, mit Lust an der Sache, es kann vieles
sein, weniges, immer wieder neu und immer wieder
auch alt

Vor dem selbst Erkennen, die Nächsten, alles darum
herum
Umfeld erkunden …
binnen weniger Jahre wächst ein Kind

zur intelligenten Persönlichkeit heran und schreibt auf
alle Bewegungen, alle Stockungen, schreibt über die
Hürden und Haken und Dämme, Deiche und Straßen
und Ströme

das Bewähren im Angesicht … der Großen …
ein nach oben Langen, das Zugreifen und sich
Ausrichten,
mit Blicken in alle Richtungen

JUGENDLIEBE
zu den Büchern, zur Literatur:
es gibt sie, sie ist real, wird erfahren, gerade im Alltag!

Jugendliebe
Zu den Regalen voller Bücher mit Geschichten des
Lebens,
die anregend, oft neu, jedenfalls den Intellekt
bereichernd und formend.

Jugendliebe
Mithin zu allem, was Schrift ist, wenn aus Schrift die
Kreation wurde, auch Wichtiges als Wissen vermittelt

Jugendliebe
Zu den Texten, den Bildern, allem, was in den Büchern
steckt.
Es wird herausgeholt und verarbeitet – Fantasie
anreichernd, Motivation für

Das Leben. Ja Grundlage - eine Flut der Zeichen, mit
der man weitergezogen wird. Ein Strom nach vorne,
weiter und weiter

Keine Schreibtisch-Existenz wird für längere Dauer
angestrebt,
kein Werden durch ständiges Sitzen und Denken,
wohl auch kein Erfolg, indem das Fabulieren zu
größerer Bedeutung gelangt,
es sogar zu Publikumserfolgen kommt

Tempo der Jugend

Will junger Mensch eilig sich bewähren,
kommt er darauf,
den Pinsel oder Stift zu wählen.

Pinselt's oder schreibt drauflos,
stellt bald fest:
es gibt kein Moos!

Bass enttäuscht, schielend nach den Sternen -
sieht zum Glück, es gilt einen Beruf zu erlernen!
Denn sie, die Menschen, müssen „ernten"!

„Keine Zeit, keine Zeit!" hallt es von oben,
der liebe Gott, nein, er wird nicht loben.
Im mittleren Alter werden Überstunden geschoben!

Künstliche Intelligenz naht, sie ist teuer.
Und vielen Künstlern nicht geheuer,
weil sie sich explosiv entwickelt, neu und neuer –

Lisa, auffällig

Noch waren nicht alle Schüler eingetroffen,
es war Zeit, genug Zeit, für anderes …

Die Deutschstunde ist nicht immer erquicklich,
Zensuren-Stress ermöglicht wenig Freiräume,
setzt buchstäblich alle unter Druck
und nimmt allen die Freude am Lehren und Lernen –
oder doch nicht allen?
Lisa war flott mit dem Kuli und noch viel flotter
waren anscheinend ihre Gedanken – einfach hellen
Geistes –
Sie war die Leuchte
inmitten aller. Sehr auffällig, jedenfalls für mich.
Ihr war vieles zuzutrauen, meine ich auch heute noch!

An diesem Vormittag
schrieb sie ruhig in der Ecke des Schulraumes
mit den vielen Fenstern,
wurde von Sonnenstrahlen erfasst.
Und ich, ja ich beobachtete sie unauffällig,
leicht vornübergebeugt saß sie auf dem Stuhl
und war ganz weit weg,
sicher in Räumen der geistigen Ferne,
wo Kreativität selbstverständlich möglich ist
oder jedenfalls ermöglicht werden kann …

ihr stets beanspruchtes Gehirn
regte meine eigene Fantasie an …

Hier

Mit dem apfel in der rechten
Steh ich im zimmer luge aus dem fenster setze mich hin
Im garten spielende kinder der nachbarn
Streichermusik aus dem fenster des herrn sonnig
berückt mich
Noch wird es ruhiger
Unmittelbar um mich herum keiner ich selbst selbste
mich in die nahbarkeit zu anderen, die ferne zu anderen
DAS IST DICHTEN
In verdichtung des lebens : FREUDIGES TUN
ZWANGLOS
Die schreibmaschine wirkt verlockend
Ganz gegenwärtig ist klaus, der kinski, ein pieetätloser
politisch unkorrekter frech bis unverschämter provoka-
teur aber interessant
Auch ist es schön an keinen zu denken keinen von
vermeintlicher wichtigkeit
Es erzeugt die angenehme leere des bewusstseins
Bin gerade in die schreibmaschine gekrochen tippe von
unten nach oben
Bodennah und alles verstehend meine ich meinen
andere nicht
„Hallo, guckt mich an!" rufe ich aus
Keine reaktionen
Geworfen auf sich selbst ist freiheit innen außen
möglich
Das fenster lädt jetzt zum rausfliegen ein die laubbäume
lächeln freundlich bunte schmetterlinge schwirren
kinderstimmen in der ferne der pfade beim waldstück

„Es wird schon …!" hat Rita gesagt
Ich bin achtzehn und jung jünger als viele andere
Sitze mit dem apfel auf dem stuhl und
Schreib maschinell denk automatisch (nicht) KI-gestützt
wahnfrei zwischen dinge und durch sie hindurch
menschen ihrer normung enthebend mittels
gedankenarbeit
Lernst kennen verneinen dich zu echauffieren
„Das müssen die Leute lesen!" so Rita. Sie ist im
Nebenzimmer und grinst.
Jetzt gilt es ruhig zu bleiben zu schreiben zu etwas zu
kommen großes gelingen auf seiten bis hin zu einem
typoskript
Das sei wahrheit
Das sei richtigkeit
Freiheit wohl und zutiefst gut – gegen die massen
gerichtet die dummheit und sittliche verrohung
Rita als einzige hört zu und beobachtet die formungen
des mundes beim sprechen
das schreiben ist vertiefung ins sein und werden
beobachtung von allem entsagung von den trivialitäten
im alltag
Ob es geglaubt wird oder nicht
Ferne der nähe nähe der ferne
Mit- und gegenwirkung und antipodenhaftigkeit und ein
dagegen gegen die gelebten nächte vieler als
bedrohung
Vor minuten kam ein leichtflugzeug herüber und der
pilot grinste zu mir herunter als würde er mich sehen
können oder sah er mich?
Im widerstand latrinennah zweckfrei mittuend jugendlich

heiter und andere erheiternd
Gedichte und geschichten geschrieben überall auch hier
zur eigenen zufriedenheit ein gutes gefühl eine
abgrenzung gegen die nächsten aber auch fernsten
Gehst aufrecht wegen des contra immer wieder und
wieder
Sitzt jetzt unter deinem stuhl denkst du denkst und
denkst du seist
Auf papier geschriebenes verteilt und grinsen geerntet
FEEDBACKS der dummheit

Unterm Dach

Auf dem Bett liegend
Blick nach rechts in Richtung Schreibtisch
Mit Kulis, Füllern, Radiergummi und Schreibmaschine,
Während der Regen auf das schräge Fenster prasselt.
Die grüne Jalousie ist nicht geschlossen!
Nicht weit das Buch, das auf dem Boden liegt:
Der Sartre, mit Liebe bedacht
Trotz allen Ekels, oder aber gerade deswegen, zudem
Die Kishons in den Ablagefächern in der mit Holzlatten
Beschlagenen Dachschräge
Eine marxistische Unbill, die ertragen wird, Gedanken
zündelnd!
Die Stereoanlage mit dem defekten Kassettenrekorder –
Aufgesprungen, schnell, mit der Bemerkung
„Alles scheiße!"
Erinnerungen haben die Psyche geflutet,
Solche an geschenkte und verschenkte Bücher
Alte schäbige Freunde, Gestank auf den Straßen,
überstandene Krankheiten.
Dann: auf dem Holzstuhl am Schreibtisch sitzend
An die Tür wird geklopft „Jaaa?!"
Es kommt die Nachbarin herein und kritisiert, man sei
„zu ekelhaft",
Zischt dann wieder ab
Alsdann wird die Schreibmaschine auf die
Braune, leicht verschmierte Kunststoffunterlage
gezogen und getippt.

Als etwa zwei Stunden vergangen sind,
Der Abend angebrochen, ohne Regen
Ruhe eingekehrt ist
Bis auf das Rufen von nebenan, laut und schrecklich
Wird alles angenehmer

Gute Gefühle entstehen, lassen vieles vergessen
Zwei Seiten mit Text sind entstanden, interessant oder
Nicht
Mit wenigen Tippfehlern
Aber einer Häufung verschiedenster Gedanken,
Niedergegangen auf liniertes Schreibpapier,
Tippgeräusche
Waren sicher enervierend
Aber nicht für den, der tippte
Diejenige, die anderes wollte, fühlte und dachte
In einem Chaoszimmer
So nah und doch so fern, in fremder kleiner LebensWelt
Besucht von problematischen Menschen:
Hörbares Kommen und Gehen, manchmal wurden
Gestalten wahrgenommen,
Die keiner Notiz würdig schienen

Mit dem guten Gefühl
Nach unten, vorbei an der meist geöffneten Tür
Im Obergeschoss
Auf der knarrenden Treppe dann keine Pause, doch
Vor der Wohnungstür kurz verweilend
Mit dem Gedanken an die, die warten:
Auf der Couch liegend, Bequemlichkeit
Selbstverständlich
Guckend auf den Bildschirm
Mit Hintergrundgeräuschen der Küchenarbeit
ein Lachen
ein Reden

Oho, göttlich ...

1.
Man muss sich trauen
und dem göttlichen Himmel entsagen,

dessen Lügenmärchen
Jahrtausende lang schmählich
den Köpfen eingepflanzt wurden.
Man traut sich ja!

2.
Was man nicht mehr will
Weil es nichts ist, weil es nichts ist
Sieht man doch im Glauben
Schimäre, Illusion, Einbildung!

Jeder Glaube bedeutet, blind zu sein
Ein Narr gegenüber den Tatsachen

3.
Richtig ist, das nicht Gewollte,
muss ... weg, also
ins Meer der Erinnerungslosigkeit gestürzt
werden, damit

in den Köpfen die Wahrheit des Menschseins,
zur Geltung kommen kann

Das humanum

ist das, worum es geht –
zielfixierung
nicht ins nirgends
die landschaft des vergessens hinein,
das gemüt, in dem wenig passiert,
sondern fantasievoll gestaltbildend
in einer werdung mit möglichkeiten,
ständigen veränderungen und
kreativen anpassungen,
ohne sich zu verbiegen

offenheit als ideal

das humanum

wird gebraucht
als einzigartiges ohne dunkles gewölk
ohne bittere niederlagen
mit dem menschen im mittelpunkt
seinen problemen und seinem schaffen
tun, handeln, verhalten –
alsdann in den frohsinnigen wolken
nachdenklich träumend zu wandeln,
dann könnte etwas gelingen –
auf denselben
frei tanzend, so würde uns sicher
schlecht werden!
in der verirrung in richtung eines
gedankensumpfes
abhängig von geld - und oft in not

Wer?

Sage und schreibe, hoffnungslos verloren
im Sog einer Lüge
verschwunden jetzt!
Und ein Gewitter
kommt über ihn, es schießt, Wolken platzen und Nass
ergießt sich –

seines Sieges ist er nicht gewiss
ist aber entschlossen, alles Mögliche zu bewerkstelligen
mindestens seines Lebens muss er sich vergewissern!
Darum geht es jetzt
und seine letzten Tage nahen …

Schon hat man ihn vergessen,
er liegt unter dem Boden
hat sich verkrochen und ist still.
Es ist wie in einem Verlies …, in dem er
sein Leben nur noch erträgt

schreibt ein Gedicht, während
das Gewitter stärker wird.
In seinem geistigen Urwald sollte es eine
lange Straße geben, ja!

Der Urwald ist undurchdringlich dicht,
voller schwarzer Wände und Mauern.
Er hört einen gellenden Schrei,
weiß nicht, wer …

mit ihm stirbt die Zivilisation,
die er doch retten wollte, doch
sie wird bald nicht mehr sein!
Er ist unter dem Boden.

unbekannt

sieht nicht hin
hört auch nicht,
schwimmt im Tümpel des Vergessens
und der Öde
mit dem aufkommenden Bedürfnis,
niemand zu bleiben
jemand auch zu vergessen –
in einem leeren Raum
auf Caspers Rückkehr wartend,
hat ja den Knüppel
zur Bestrafung,
im Moment allein

lebt ohne Bewusstsein,
verloren zu gehen
in der Leere.
Hält sie für Fülle
zu Beginn der neuen Sonne
im System.
Schluckt Melanias Ratschläge
runter, die Rutsche ist lang.
Am Ende weicht die Leere der Fülle
des kulturellen Schaffens.
Es geht
ohne große Gefühle

Dämonen wohl

Sonnenidyll, ein solches
bestimmt für die Kleinen
nun, was für ein Filou
schönes, anmutiges Kätzchen
streunt auf der Wiese
Tiger grau weiß flink und überall
und auf der Terrasse sitzt ein frohlockender
Terrier namens Konstantin.
Frei für die Beobachtungen!
Na prima …
fühle mich, habe Fantasie und denke frei und
erhebe mich von der Matte –
es ist: alles noch unverdaut
es wird: nichts
oder doch, dahingehend:
Bilder mit Gesichtern, blutenden Oberschenkeln
am geöffneten Fenster
betrachte Blüten an den Zweigen der Kirschbäume,
dann mit innigem Gefühl das Buch aufgeschlagen:
stehe plötzlich in einer Windböe . kann mich halten .
Dort: fernes Gehölz, wütender Wind,
wankende weite Äste – und Spatzen flüchten,
gegen Wände///
Todesidyll?

lustig ist das leben,
wie oft?

bist du selbst du machst und bist machst – kommst zu
dir selbst, um ja um

… keine ängste, -furcht-, sorgen, nöte!

auch wenn gar nichts funktioniert, jedoch du existierst,
bitte denke daran:

es wird irgendwann alles funktionieren, perfekt
funktionieren können, sofern du dich ranhältst
und kreativ mitdenkst, um mit zu handeln –
das kann geschehen mitten in nächten, in säurebädern
und in verpesteten meeren, komplizierten höhlen und
satanshöllen, egal wo, egal wie, du kannst du selbst
werden, gibt acht auf dich, dann wird es
dann muss es
irgendwann wird wirklich alles funktionstüchtig sein,
hoffe sehr, dass es dann auch erkannt werden kann
die zeit ist nicht auf deiner seite, nichts und niemand
befindet sich dort
kluges handeln? ein kluges denken?

ankommen - angekommen

In der verzweiflung gehst du neue wege, die dich weiter
wegführen können, jedenfalls könnten, es ist aber allzu
oft nicht der fall

Du willst den ort verlassen, ganz woanders hin, es darf
die einöde sein, die weite wüstenei, ein dschungel, ganz
besonders ein dichter wald in europa, wo er noch zu
finden ist

Es kann klappen, der sucher zu sein, es ist aber immer
schwierig, der sucher nach der ruhe und nach der
wahrheit dann auch zu werden!

Ein sucher nämlich, der den erhellenden, deinen hori-
zont aufklaren lässt, so dass du weißt, absolut weißt,
wie es aussieht, nicht etwa nur, wie es aussehen sollte

Wenn du dann tatsächlich dort, am wunschort, auch ort
der sehnsucht, angekommen sein solltest, wirst du nicht
mehr schlafen, du wirst ständig hellwach aufrecht laufen
und alles sofort erkennen, falls du willens bist

Niederschreiben, worum es dir beim anblick dieser
lebewesen und dinge geht, ja und eben was für dich das
wesentliche ist, wofür du gekommen bist und bleiben
willst, so lange es möglich ist

Dein schöpferdrang wird sich an diesem sehr speziellen
ort ausleben lassen, wird für glücksmomente sorgen, die
dich von diesem quälenden eigenen selbst, befreien
können

Für dich als schriftstellerisch tätigen ist das in der

selbsterfahrung ein zustand der erfüllung, den
fortzusetzen dein bestreben sein kann, vielleicht gar
sein muss, damit du frei weiterleben kannst

Endlich wirst du genug zeit haben, dein eigenes leben
zu leben, wirst lange gründlich nachdenken können –
über alles, über dieses und jenes, tief und mit dem
willen zur absolutheit des fühlens und denkens in einer
fast perfekten harmonie, als hättest du nie vermutet, das
ankommen an diesem wunschort sei ein unmögliches

?

Alarmsirene?

Alarmsirene!
Angefallen
Von
Den verschiedenen
Sorgen
Wimmelnd
Oben drin, unten dran
In einem Durcheinander
Ohne Gleichen

Mittendrin
hoch dramatisch
in sich gehend – konsequent
oder weniger.
Durchdenkend, was ist
oder was sein könnte.
Erinnernd das, was war
und hätte werden sollen.
Hinweise gesehen, falsch interpretiert:
Schon heraus und fort!
Auf der hohen inneren See
unterwegs

Ja Warnungen wurden
missachtet, seien bloß Unsinn,
vielleicht Täuschung.

Alsdann innere Wogen des Vergessens
einer besonderen Schmach,
die einen befallen hat.

Jetzt
Ist
Kreativität
Nötig

GEFUNDEN

a

EIN WOLLEN, SOLLEN, KÖNNEN, KEIN MÜSSEN

Wieder einmal im Fokus des Interesses, angekommen,
von weit her; es wird hier, vor Ort, etwas gelingen, so
wird gehofft

Diese Hoffnung trägt viele stets, sonst würden sie wohl
kaum kommen

Eine Hoffnung ist das, die die Fantasie befruchtet,
anregt, fürwahr antreibt

Bücher werden geschrieben, um sich selbst zu
erkennen - zu verwirklichen, was in einem steckt; aus
ihnen wird ja gelesen, vor anderen, um das zu zeigen

In den Läden stehen sie oft nur in Reih und Glied, wenn
sie überhaupt dort stehen, wenigstens zeitweilig

Finden sie Leser, dann kann ihr Schöpfer sagen, es ist
eine Art Vollendung; finden sie keine Leser, wird er sich
eingestehen müssen, dass noch viel zu tun ist …
schreiben, schreiben, scheiben – ohne Ende. Das
Buchmarketing, was ist damit?!

b
Gefunden
Im zelt
Wo wir alle sind
Zusammen
Oder nicht
Voller freude
Oder nicht
Reden, tragen vor.
Lesungen sind etwas Normales,
dazu Musik
und nichts könnte schöner sein.
Oder doch?
Menschen sind erschienen,
ihr Applaus ist leiser als erwartet
neue AutorInnen ebenfalls –
sie scherzen, tauschen sich aus, und dann
… geht es los
… gegen den Strom
im Wind der Freude an der Literatur!

Auch Kinder begreifen:

wohl leicht geht es von der Hand –

Intelligent oder nicht, es lässt sich auslösen XXX

Bislang bei Menschen fast unbekannt –

Wer will, schlägt zu, denn ist er ein Genie im nu (!?)

Jedenfalls hier, in diesem Land –

Ach, bestimmt überall, wird diese Form der Intelligenz

Die Strukturen der natürlichen Hirne der Lebewesen

Neu massiv beeinflussen, ausrichten, bauen!

Viele Menschen, ja es war so, dachten gegen Wände

Gegen Mauern

Gegen Grenzen jeder Art!

Genau das ändert sich jetzt, ein Ungeheuer ist geboren

Aus der Menschen Hirne,

um dieselben umzubauen,

damit sie wie die Künstliche Intelligenz

dereinst funktionieren

auch kleine Kinder werden darin geschult werden,

Künstliche Intelligenz zu nutzen,

damit alles schneller und besser geht:

die Computertechnik vollendet sich selbst, initiiert vom

Menschen.

Nicht ganz dicht, Dichter

So dicht
Dichtest du
In dich hinein
Schnell, unbarmherzig, voller Gedanken
Hauptsache ist doch, es sind wirklich solche
Mit Sinn - diese, ja diese können dich augenblicklich
fluten,
aus dir einen gedankenvollen Niemand machen,
fluten dich, durchdringen erfüllend, abfüllend, sie
überrollen dich, erdrücken und zerfasern … dich …
dicht! Total dicht bist du -

Wüstenei

Dichte!
Herangebraust
durch die Wüstenei
in der Crash Reality,
vor der Alk-Oase stehengeblieben:
Wörter als Verfolger -
Sätze sollen vollendet werden? Kein Grund!

Verlaust
in dem weißen Haus
auf dem Holzschemel sitzend am Dichten –
die Teppiche hängen an Wänden und
oben der Himmel, er ist störendes Momentum.
Die Sehnsucht narrt alle, aber sie
beendet immerhin manche Sätze!

KULTUR-DU

KI: Bot dort

Meldung. eingegangen

wach und bereit …

Sprach Bot kommt vorbei, Grüße

Weckruf des Tuns

im offenen Sektor, dort, schlau schlauer

Meldung … „O.k." –

übernimmt Dich offenbar jetzt

zwecks Weiteroperierens am Geist;

wehrstDuDichdenn? Los!

OP-Kraft agiert zufriedenstellend, ja

Erfolgsleistung, Fortschritte garantiert

Chance für Rache am einfachen Subjekt,

hier wie dort

wird in Dir ein Pool der Impulse

gebildet … bestens, immer wird das Beste

anvisiert

Du wirst sehr bald ein perfekter Geist sein.

Wirst Dich nur noch wohlfühlen.

Baden im Pool der Glückseligen!

Originalität

Willst
Willst können, Befähigter sein
Das bewusste Selbstsein für Dich selbst
Haben und immer werden, Dich entwickeln
Gut sei es
Erfolge zu haben, der Bessere …
Willst der Größte sein,
Oder doch der Kleinste?

Selbstbewusst dämmernd

Gegen die vorgestellte Zukunft, so könne sie sein
Solle, dürfe, müsse
Hauptsache: Zweckorientierung, hieß es
Und was auch immer es hieß!?
Oder sogar ein gelegentliches Zertrümmern
Angesagt
Durch überstandene Prüfungen
Geheime Wellenlängen
Das Zepter der Welt
Ist die Originalität des Schreibens
Hieß es ja auch

Digitale Invasion

Was war das?

Man glaubt es heute kaum noch

Hielt dies alles einst nämlich für närrisch

Versteckte sich hinter Aktenordnern

Gelegentlich stehend auf Truhen und Kisten

Sich tummelnd auf Regalen

Als MiniaturGeist, Liebhaber

des deutschen umfassenden und alles durchdringenden

Geistes, weltweit, kosmosintern,

Wunder an sich und für sich – eben

der Einsen und Nullen noch nicht ganz gewahr,

dass mit dem digitalen Einfall ins Alltagsleben

für einen Zivilisationsunfall haltend!

Man war noch ganz jungfräulich – positiv formuliert –

im Umgang mit den Neuheiten

US-amerikanischen und asiatischen Technik-

Geniestreichen

für Europa

für die Europäer EIN SCHLUCKAUF.

„Brauchen wir das denn?"

Dann kam man doch auf den Trichter,

Bücher kann der Autor, kann der Leser

genauso wie immer schreiben und lesen, kein Problem,

digital bedeutet eine Chancenvielfalt in Richtung

Effizienz.

Textsoftware und Bildsoftware stellen Erleichterungen

dar,

keine Belastungen,

es sei denn, es geht nur ums Authentische des Kritzelns

…

zweifel, ja!

Du bist Du, kein anderer
was gekommen ist, ist der zweifel
an allem, an dem Sinn der kreativität
wenn doch nur noch
abgeschrieben wird? (was behauptet wird)
wer von wem und warum?!
eine digitale Infragestellung allen
kreativen tuns ist entstanden
ängste und zweifel aufzutreiben
ist das
die höhe oder die tiefe des verstehens?

durch das schreiben
an sich, das lebendig-sein an sich
für das originelle werk
treibend durch das lebensdurcheinander

Künstliche Intelligenz

Wörter
Schweben
Durch das Bewusstsein.
Bunt und initiativ kommt es zu kreativem Formulieren …
-

Oft aus dem Bauch,
Aus Wirrnis heraus
In die Regelsprache hinein!
Aus chaotischem Denken und Fühlen: Ordnung der
Schriftsprache
Zwecks kreativer Neuordnung
In Gestalt von Sprachschöpfungen

Radikalwandel ist im Gange,
Denn stattdessen seift die Künstliche Intelligenz
Alles ein.
Schon entstehen – künstlich – Sätze, aus ihnen Texte,
Wie aus dem Nichts der endlos scheinenden
Informationsblasen im World Wide Web,
Also wie von Geisterhand kommt es zu Formulierungen,
Jedenfalls nicht durch den Menschen.
Es handelt sich dann auch um Schein-Kreativität.
Die Schuld daran liegt bei wem?

Kulturbestreben

Ein fantasievolles Denken allein
reicht selten
mit Sonne im Kopf,
kommt es auf den Willen an!
Und mutig sein
ist ein Erfordernis ohne Gleichen:

sich aufraffen
und produzieren
gegen Trends, gegen Normen
für die Vollendung des Eigenen,
das sinnvoll und wahrhaftig:
Kreativität ist LEBEN

In Deinem Leben

In Deinem Leben
… Lehrer …
Kommen und gehen
Bleiben nur, um zu sprechen.
Ihre Kenntnisse sind marginal
Bis nichtig,
Doch was sie gesprochen haben,
Ist hängengeblieben.

In Deinem Leben
Der Kultur
Wirst Du erfahren,
Wie wichtig Selbsterfahrung
Und Selbstentwicklung sind.
Längst nicht nur Wissensvermittlung
Und Belehrung

In Deinem Leben
Schenkst Du verschiedenen Menschen
Inhalte und Werte und Kritik.
Und erhältst Widerworte
Oder Zustimmung –
Hoffentlich ist Dein Weg
Dein Weg

Hältst Dich im Elfenbeinturm
Oder im Wolkenkuckucksheim
Auf – vielleicht mitten unter Menschen
Und stehst auf alle Fälle
Aufrecht in Dir selbst.
Kulturell nie nur Zwecken verhaftet!

Schicksalhaft, innig und bezogen auf Erfüllung

Kunst lebt, macht Wege

Wohin? Warum?
Warum denn dahin?
Immer ist es ein Weg
Kürzer oder länger
Schmaler oder breiter
Ein Ziel
Einige Ziele auf dem Wege …
Ein großes Ziel zumal!
Warum? Dies ist stets zu fragen
Zerknirscht
Und dunkle Wolken
Im Gemüt
Vorwärts, lieber vorwärts
Als rückwärts
Auf der Ebene
Auch auf den Berg hinauf!
Einmal gestolpert, dann
Unverletzt weiter!
Kein Wasser ist zu tief,
Kein Tal zu weit
Ungeduld ist tugendhaft
Weiter, höher – willens, zu vollenden
Perfektionieren! Desillusionieren!
Die Tragödien des Menschseins
Als komisch entlarvend und -
Mit der Vorstellungskraft
Und Ideen
Im Rüstzeug

Kann stets der individuelle Ausdruck
Gefunden werden, der zufriedenstellt
Vieles erhellt
Vieles erklärt
Das Innere nach Außen kehrt
Sofern der Wille vorhanden ist
Die Nacht zum Tage zu wandeln
Das Hässliche zu sehen und abzubilden
zwecks Aufhellung des wenigen Schönen.
Wo ist die Güte,
wenn nicht in diesem Kunstwerk,
welches den Lebensabgrund aufhellt?
Liebe fordert allein schon
die Darstellung des Hasses,
weil Menschen einander erkennen
und ertragen können müssen

WutKultur,

Wagemut

An weißen Ufern und

Auf grünen Plateaus,

Frohe Röte im weiten Horizont –

Trifft man sich und kommuniziert –

Ja und es fluten

Neue Ideen heran,

So erstehen in Momenten

Monumente des Geistes,

Anbrandend gegen die Betonaufbauten

Der Häfen,

In denen Langeweile nicht aufkommen darf!

Es haust hier der Bürger,

Sieht Gefahren:

Ist dies wahr?!

Wortgefechte eines tosenden Werdens!

Flugs werden Gedanken geformt zu

Flammenden Sätzen

Inhaltsleer oder

AUSSAGE ÜBER AUSSAGE

Kunst und Leben: Das Leben ist keine Kunst,

Kunst nicht das Leben!

Im Gegenteil:

Künstler zeichnen sich dadurch aus,

dass sie über dem Leben stehen:

im Schwebezustand

mit dem Drang zur Vollendung des Werks

und dem Sich-ergehen darin,

Gefühlen und Gedanken freien Ausdruck zu geben!

Weil sie das brauchen

mit einem Sinn für das Schöne, aber auch

das Hässliche: allerlei Probleme,

Zustände, Taten, Persönlichkeiten …

lösen sie sich gern in ihren Werken auf,

indem sie sie sinnfüllend schaffen!

Oft ohne viel Zeit zu brauchen!

Ohne abzukupfern!

#

Nicht selten:

Menschen, geschaffen für die Einhaltung der Normen

und die Hässlichkeit einer künstlichen Welt –

immer wieder und überall

Dagegen die Kunst, die wahre,

mit ihren verschiedenen Wahrheiten

und dem Glück, welches an Menschen

vermittelt werden kann!

Menschen: mit ihrem Sinn für gar nichts,

für innere und äußere Leere –

mit dümmlichem Denken, Handeln und Tun.

Sie gehorchen vorwiegend der Sinnlosigkeit:

in Räumen, die sie kaum kennen

mit anderen, die sie verachten

für Ziele, für welche sie nichts übrig haben

an Tagen, an denen sie besser richtig leben sollten

Du Kultur-Du

Du bist wer
Und schämst dich nicht mehr
Kommst und gehst, wie du willst
Deines Weges, keines anderen
Schlägst nicht zu, aber denkst
Und fühlst nach Möglichkeit
Freitags, bis auf Weiteres
Samstags, bis auf Weiteres
Sonntags, bis auf Weiteres
Ein dickes Ja!
Es könnte immer so weitergehen!
Könnte die Frühlingstage ewig währen lassen!
Auch aus Unglück Glück machen!
Aus Quellen schöpfend, Wolke für Wolke zählend:
In Wörtern, Bildern, Noten
Aus Höhlen herausgekrochen, den Zenit erblickend
Auf Leitern aus Gruben geklettert, Sonnenstrahlen
aufsaugend!
Anerkannte Werte
Können empören
Können auch erfüllen
Und verschiedenste Ziele
Einmal gesteckt, stecken im Gemüt
Und treiben an

Ist das alles nichts?

Kulturgut

Kulturgut, gut

Eingelagert im Sinn

Ganz unverständlich

Den Vielen

Ganz verständlich

Den Wenigen

Gute Kultur ist wertvoll, langlebig

Ist ein Wert an sich

Steht für sich selbst

Ein Manifest für alle, die die Geschichte wichtig nehmen

Sind Kulturträger

Keiner soll uns das neiden
Keiner missgönnen
Keiner bestreiten oder bekämpfen
Tragen es mit fassung
Im leben
Mit einem ehrlichen streben
Wunderbarem denken, handeln
Hin zum inhalt in der passenden form
Opfern zeit, mühe, geld
Opfern das, was wir haben
Zugunsten von zielen und zwecken
In richtung neuer mensch, neuer gesellschaft
vielleicht auch nur zum düsteren alten
jedenfalls:
heiliger zweck ist nicht die unterhaltung,
die ist nur nebeneffekt
sondern die lebensbesserung
durch das werden und vollenden
des geistes
im vollendeten werk
dem buch
dem bild
dem ebook
dem stück

Das Tun
im Kreativbereich

/

Kreativ. Naiv. Naiv auch kreativ, kreativ auch naiv
Sich einsetzend auf der Bahn, auch an den Rändern –
engagiert. Im Schatten sich aufhaltend, die vielen Schat-
ten, welche wahrgenommen werden, hin und wieder
schluckend und dann ausspuckend. Dafür, dagegen. In
einer Richtung, auch in andere. Mit Zielen im Kopf,
vielleicht offen propagiert. Zensiert durch andere, vom
Staat … wie auch immer, immer anwesend und das
Gute, aber auch das Böse avisierend, mal dies wissend,
mal nicht
Lebensaspekte wurden aufgegriffen, plastisch, auch
erzählerisch, dichterisch, vielleicht musikalisch, verar-
beitet in Werken –
dann, soweit bekannt, auch ausgestellt für …

//

tue

allein

für mich selbst, oder aber auch für andere
NUR für die anderen, die Welt
Gesellschaft usw.
meine Ziele, deine Ziele, die Ziele anderer.
Manchmal offenbart sich ein Startpunkt ins Jenseits
oder zu der alternativen Gesellschaftsordnung.
Manchmal offenbar nirgendwo hin, eventuell zurück ins
eigene Ich …

///

Tue, tue, tue mit Melancholie:

Alles, fast alles, vielleicht
Noch mehr als alles.
Mehr kassierend als Zustimmung und Interesse?
Weiter abstürzend als in das nächste imaginäre Loch –
oder ein echtes?!

künstlerische randexistenz

hanebüchen sei es, abzulehnen
fast nichts wertlos dumm

du seist es auch
einzig als Ungeist

aus der Art
geschlagen - am Rand das Zuhause

faul und trübselig, grünselig
verfallen Ideologien

abseits, im Jenseitigen des Abstrakten,
bis dann verschlungen von der Echse, Big One

schöne Worte labernd,
Bilder werden entworfen - - -

das Nichtige preisend: Scheiße, das Leere, Wertlose
in einem geistigen Sumpf, wo

dich die Echse holen kommen wird
verschlingend jeden Anmaßenden

verdaut dich im Nu, nur noch Magensaft und Kot ...

im Widerstreit

dagegen oder dafür

und so ein Stühlerücken,
gesucht wird die Einzige
besser als alle anderen …
klüger
einfallsreicher
fast genial -
ein Streit ums Eingemachte
ohne Ende und beispiellos, ja
ein lautes Meinungsäußern, Brüllen gegen Wände
mit einem Wagemut der geistigen Taten.

Sodann durchgesetzt wird Einzigartiges, Bestes
was die Einzige könne und tun solle,
schon getan und erreicht habe
ohne von der Schaffenskraft zu verlieren

im Kampf gegen Konkurrenten

geradezu waghalsig.
Proaktiv, das Neue im Blick, fokussiert im Handeln
schreiben reden tun
so und anders, alternativ, eben nicht affirmativ

Wohl individualistisch ...

geschrieben und gemacht

Während Himmelsgewölk über allem, in allem:

Auch dem letzten kleinen Gedanken.

Rasend durchdrungen alle Zeit

Mit Macht gegen das Ich

Zwecks Aufrechterhaltung der Vernunft, doch

Gegen die verschlossenen Türen.

Allein auf weiter Flur Wiesengründe

Erschnuppernd

Und im einsamen Kämmerlein

Tisch und Maschine aktiviert!

Gerade auf dem höchsten Punkt

Angekommen, ernüchtert tausende Seiten

Wälzend.

Alldieweil hier und heute

In der höllenähnlichen Sphäre

Eines Geistes –

Guckst in Dich, aber dann

Purzelt die ganze Schläue hinaus:

Aufgegriffen wird jeder

Übriggebliebene Gedanke

Zwecks fantasievoller Bearbeitung.

Schaue auf dein Potenzial

Andere wollen das vielleicht nicht,
aber du
und du kannst es realisieren,
weil es aus dir selbst kommt
und dein Selbst zur inneren Größe kommen lässt, so
dass du dich froh, wenn nicht sogar glücklich fühlen
kannst, wenn du es wahrhaftig willst

Andere sabotieren dich eventuell,
das kannst du nie genau wissen,
jedoch hältst du es mehr und mehr für wahrscheinlich,
für eine Tatsache, weshalb die Mobilisierung aller Kräfte
nötig sein könnte, was dir sicher helfen dürfte, diverse
Zeiten mit Krisen erfolgreich zu überleben;
darauf kommt es letztlich an

denke ich. Ja.
Vieles geht. Vieles auch nicht.
Die Normalität des Lebens dominiert auch deine Exis-
tenz –
gerade das kannst du sagen,
zumal schreiben,
in Büchern schreiben, veröffentlichen, persönlich vorle-
sen, vortragen,

und, wirklich, sogar singen
und zum Klingen bringen
in all deinen kleinen Räumen,
so dass alles heller denn je
aufleuchtet, ja auch und gerade
zur vollen Entfaltung kommt.

He und erst die Malerei, das Zeichnen

und all das
und der Bruch mit den Normen!
Du fotografierst wie ein kleiner Gott,
der auf den Pinkelpott muss, eh!
Es ist wahr -

Sagst dann, nichts war jemals besser
nichts hätte besser werden können
kein Mensch muss das kritisieren
oder heruntermachen
die Kunstfertigkeit ist klar
eine Könnerschaft aufgrund von Talent und freiem Tun

mit Zielvorgaben oder nicht.
Oder nicht?
Es braucht Freiheit darin,
viel Zeit auch und Muße, damit es klappen kann
mit großem Engagement
in den kleinen Räumen deines Bewusstseins!

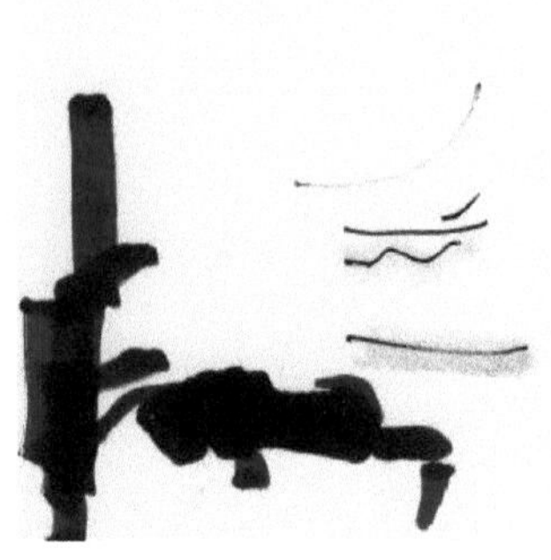

WEGE

Litera-Tour

Wolkenknäuel im Spatzenhirn,
dann hatte sie das vor:

Mit dem Falthocker und Jagdgedanken
Doch noch Tour im Alltags-Spätherbst
In intensiver Wahrnehmung der kleinen
Naturwunder
Auf den Pfaden, pausierend vor den
Denkmalgeschützten Gebäuden, Vorträge –
„Literatur ist ja so so wichtig!" Bleibt sitzen.
Packt aus dem laubgrünen Rucksack
Den Kafka aus – fantasiert zwischen zwei Buchseiten
In Ablehnung der Wirklichkeit. Weiter:
Wandern im Verein mit Senioren
Zwecks kollektiven Aufstiegs in den Dichterhimmel
Mit Auftrieb der Gedanken
Zudem Hoffnungen auf Erfolg

Schließlich springt sie von der Holzbrücke
In den Murmelbach

Durchnässt lässt sie sich von
Bergerle retten, dem Organisator,
Und zwischen Bäumen hindurch erblickt
Layla, im Trachtenkostüm, die
Wandergruppe „Letzter Baum"
Mit Ritze, ihrem neuen Freund

Gänge

Ein Gedanken-Gang
Geht auch zuhause
_DER GEIST IST EIN BUCH
Besser jedoch im Wald
Zwischen Ästen der Bäume
Zumal in Büschen, in Talsenken und auf
Flussbrücken
_: BEWUSSTSEINS-SELBSTGESPRÄCHE.
Solch ein Gang gelingt trefflich,
Wenn Mensch ein Selbst hat, das Kunst ist
Kunst – mit Sinn durchtränkt – für eine Zeit
Erhellend und ausfüllend.
Augen zielen auf die Baumborke, ziehen sie ab
Und Augen fallen nach hinten rein. Weg!
Lotsen einen dann ins Reich der Fantasie,
Welt des Mikro und auch Nano
eines tiefen Nachdenkens!
Alsdann werden Sätze geworfen,
Wörter jongliert

Und wenn dann in den Druck gehen soll,
was auch geschrieben worden ist,
wird es kritisch, weil kein Druckhaus
es haben will, geschweige denn ein Verlag

Notiz einer Fahrt

Zug fährt ein
Gegenüber die Wartenden, sie stehen
und gehen hin und her

eine junge Farbige kommt, mit einem Lappen an der
linken Schläfe
rechts neben Ute die Frau mit dem dudelnden
Smartphone
dann fährt der Transregio weiter
in Köln/Messe Deutz
wir tippen die Welt in das System
binnen Minuten
zerstreuen sich grüblerische Gedanken

eingehender FixTrain naht langsam, zockelt vorüber.
und die Bahnhofsuhr zeigt Sechs nach Eins an.
der Tag ist lang, die Zeit jedoch knapp.
wir sind wie Ute und wollen geduldig sein. Sind befasst,
es ist die

Welt im System: die Zeichen werden blitzartig
eingegeben.
Inspirationen gibt es genug.
es schießt so heraus. Dann hinein …

Vergangene Nacht

na gut, was heute: Road im Ganzen gesehen –
tagsüber Tagebuch zu führen gewillt –
beim letzten Dinner wurde auf Tischen getanzt.
Sie war eine Vierzehnjährige und hatte meist den Mund
voll

verschluckte Schlüssel und weinte, reimte mit
Krokodilstränen. Richtig,
in ihren Notizen war es später nachzulesen, oh –

Cosima kletterte aus der Wanne, huldvoll lächelnd,
ansatzweise erheitert.
Nacht und früher Morgen waren anstrengend

ihr Freund Freud, Frederik, rülpste angesichts des
Füllstandes,
sie nahm den Mann beim Worte,
Stirn an Stirn, Wange an Wange etc.

Liebe könnte schlimmer sein,
portionsweise nur erträglich.
Körperöffnungen geschlossen?

Liebe, Trieben eigen, peinigt öfter.
Eine Peitsche
für einen grässlichen Moraljongleur

Nun, die übernächtigte Junge sang dann ausufernd und
es entfleuchten ihr –
Mitteilungen.
Das Geschehen. Eine Knackarsch-Story für die Presse

Das Wohl und Wehe des Familienkonzerns ist
in den Notizen, übrig, sehr lebendig
supergeiles Supergirl
hier bloß möglich

Fortschritte ...

hast die Einsicht, auf die Alarmierung der Polizei zu
verzichten; Farbe Blau

kommst auf den Gedanken, es sei besser, diese
Stalkerin mit Ignoranz zu malträtieren, als alles
kommentarlos freundlich hinzunehmen - nämlich so, als
sei es normal und anerkennenswert, dass sie dich mit
eigenen Lebensgeschichten überhäuft; Farbe Gelb

du gehst einfach nicht mehr ans Telefon, lässt sie in die
Röhre gucken; Schwarz

gehst davon aus, nach Wochen endlich Erfolg zu haben;
Farbe Grün

stellst jedoch fest, dass sie sich nicht hat abschütteln
lassen: wieder ist etwas vonnöten, das hilfreich ist. Sie
versucht es immer wieder und wieder. Was ist denn
wohl zu tun? Farbe Rot.

weil sie eine Adresse hat, ist sie zu identifizieren, so
dass Gegenmaßnahmen gestartet werden können.
Farbe Orange!

als die Polizei bei ihr aufgetaucht ist, ist sie wenig ko-
operativ, wie es später hieß; sie brüllt und scheut sich
auch nicht, Gewalt anzuwenden! Farbe X.

Tempo des kulturkritischen,

subjektiven Geistes

Warum und wofür?
Weißt Du das,
Weiß *man* das?!
Das ist doch kein momentanes Dunkeln,
Dem Du im Raum begegnest …
Unmittelbar im Heute, wiederauferstanden

Zwischen Buchdeckeln:
Traditionell. Revolutionär. Alles zusammen. Gemischt.
Gemischter Geist-Warenladen mit Intelligenz,
Fragt sich mit welcher, auch mit wem.
Existenziell verbunden mit Mensch und Mensch und.
Menschen dazwischen und darin!

Es gehört, möglichst, so ein
Wunderliches Ich hinein,
Dazwischen, eintretend –
Dafür und dagegen –
Meinungsbildend und meinungsverwerfend
Im Wahnwitz der modernsten Kulturdomäne.

Jeder ist so ein Supermann …
Hör' mal: Das Kläffen des verborgenen Hundes,
Miauen der süßen Katze im Busch
Mit dem Rauschen der Blätter der Bäume im Wind
Und Gurren der Tauben beim Einflug

In die Schneise Deines Ich!
Das ist ein Erfahren von Leben, Realität
Des für relevant erklärten, irrelevanten Fast-Nichtigen.
Zwischen Buchseiten, elektronisch oder papiern,
Rast der Geist der Veränderung, ja
Künstlich intelligent auch,
Aber nicht unbedingt human

Du Leser: Ergeben, hoffentlich, einem produktiven
Zweifeln
Sowie einem pluralen Hin- und Her
Einem zerfasernden Sein, beim grellen Licht
Des Schönheitsscheins:
Morbide sich verbildend.
Trotzdem manchmal sogar sinnvoll oder sinnhaft

angelegte Datei wird gefüllt,
ringsherum
Leute
mithin kein Vergnügen, das Tun

Mitreisende quatschen über Belangloses – und sehe

einen Bahnhof nach dem anderen,

entsinne mich einer sehr alten Maobibel,

ein Geschenk der Genossen,

einer ist schon tot,

der Genialste Agilste Erfolgsorientierteste.

Manchmal geschieht dies Unvermeidbare zu früh

und man trauert

will gar mit in den längsten aller Schatten

   -    würde er das wollen?

   -    der Karrierist in Hallerrosten im Nirgendwo.

Ich liebe die Freude am kreativ sein.

Hier ringsherum die sich drängenden Leute beim Ein-

fahren in den Bahnhof

G e i s t auf der Reise

ummauert. elaborate des wissens sprudeln innen

in Unkenntnis aller Wahrheitsmöglichkeiten
schlägt
der geistig Reisende
die faktische Wahrheit
aus
aus
der Verweildauer von Tagen
wird eine Ewigkeit
in der Nacht, im Verlies der Unbildung,
glücklicherweise dann auf einmal
auf der Straße der notwendigen Umkehr
zu mehr kultureller
Freiheit

innen ausgemauert, versagt die Atmung.
Außenspiegel fällt ab,
Selbstbespiegelung setzt ein!

Glück wird
vergessen,

da grundlos gegeben.
Ist das gut? Nein.

Während des Schreibens fällt
die innere kreative Unruhe
der aktiv anvisierten Zielprojektion
zum Opfer

Als wenigstens Zufriedenheit aufkommt,
wird

psychisch deblockiert
und aufgehoben

Weil soziale Ausgrenzung
stets stattfindet, gelingt
immer noch das geistige
Jetten –

in offenen Räumen des Geistes,
Bewusstsein cool
bis zur Vereisung aller
negativen Gedanken –

Schlag!
Die Dummheit weg,
denn sie stört massiv
jeden freien Fluss: schlag!

Konzentration auf Wesentliches.
Güte wollend
im Kampf gegen ...
jede Form des Ungeistes

während der vielen Alltagsreisen
und angesichts von porösen Zellwänden –
Perforationen gelingen jedenfalls
traurigerweise

Eine Reise durch die Literaturwelt

Noch genug Wörter vorhanden?

… die Reise geht weiter

oder es scheint nur so

in der Nur-so-Situation

zumindest aktiv und auch agil

durch die grellen Scheinwerfer, einen

oder zwei davon

jetzt langsam gehend

Kopf hoch! Heiter und weiter

ohne Krücken

hmm, Unterstützer gibt es …

keine Ahnung

das ist doch kein Pessimismus, nein

doch kleiner Erfolg, ganz kleiner

man sieht ihn kaum

Hauptsächlich beschäftigt

mit der Leere des Daseins

und seinen Fallstricken

am Boden, Himmel und in der Zwischenwelt

der vermeintlichen Tatsachen und

sogar Wahrheiten

bist du hier oder dort

na, jedenfalls an einem Ort

die Sphären reizen noch illusionär

verkümmert jede gute Aussicht

vom Turm sah einst vieles erreichbar aus

jedoch: Schublade auf und zu

weg im Nu –

in die kleine Familie oder

auf das Altenteil

die Zeichen standen auf

langweiliger Leerlauf .

und abgehakt .

oder vielleicht zerhackt .

Ja, ja

in den Staub geworfen, letzte Buchstaben

erschöpft aufsammelnd

es ist der Fall, da

läuft nicht viel zusammen, getratscht wird

von Karriere keine Spur

die Leiter ragt in den wolkenfreien Himmel

stößt beinahe durch den lila Horizont,

der nur ein imaginierter ist!

Wichtige Forderungen

Sinn, welcher Sinn denn schon?
Hey, kennen Sie den …?
Ach, bestimmt nicht!
Sinn macht Freude, das steht fest:
Nur die Kultur ist zutiefst gut, frei von Dummheit
Frei von Fesseln
Frei von Terror
Frei von Unterdrückung …
Berauschen
Sie sich an sich selbst
Steigen Sie tief, ganz tief bis auf den Grund.
Wohin sonst keiner kommt!
Spazieren Sie dort allein durch Räume
Sofort, für immer. Bestmöglich ausstaffiert:
Jedenfalls noch ein Mensch, kein Gott,
Das sei kein Wunder, nur Realität,
Die bis an Abgründe reicht, auch
Bis auf diesen einzigen Grund in der Tiefe!
Wagen Sie Leben, tragend Lasten allein
Im Streben nach Glück.
Nur nicht vergebens, bitte.
Wir brauchen keine Sorgen!

Versprechen auf Erfolg

Hier kommt keiner nach oben,

es stirbt die Hoffnung
schnell nach dem Start.

Kulturleben DAS
HIER
als ein Tümpel der Wahrheit,
der am Austrocknen
wegen Manipulationen, Tricks und Lügen.
Gut überzeugend ist der Lügner
hinter seinem Mäntelchen.
In der Hölle wäre es sicherer –

eine morsche Brücke droht einzustürzen!
Moral versinkt

im Morast des Alltäglichen –

Mord an der Wahrheit, wenn möglich!
Erbrochen wurden die Schlösser zum Reichtum,
denn:
verlockende Angebote,
billig die Kunst und
nichts wird wirklich erreicht –
nichts gelingt völlig.
Die Wege sind die Ziele –
geredet wird viel,
gezahlt nur wenig …
durch die Wörter in Büchern

Wo denn

Könnte kommen, könnte gehen

Wie denn

Erfolg ? Wo entlang ?

Niederlagen inklusive –

unter Teppichen kriechen die Unwillkommenen in

schäbigem Gelächter,

während Göttler, der Große, wegen seines Vermögens

erkrankt –

So schnell gedacht,
fast schon geschrieben
oder gepinselt
aus dem Geist auf …
und wer weiß noch, wohin
und worauf
gedacht ist geschöpft
aus der Welt des Gefühls
ohne welche alles nichts ist
in Liebe zum Denken und Kreieren
gegen die Dummheit
Faulheit
Gier
und Begierde

Ich: bedächtig auch

konzentriert
mit dem Fokus auf
Lebenssinn und Zielerreichung
RUHEND
Zweifel eindämmend, dafür
ins Ich reisend zwecks …
reinhorchend: Was gibt es?
wohin denn nur?!
vielleicht kommen Antworten
durch die eigenen Werke
jedenfalls das Arbeiten an ihnen

hey, old school

ich kann wie Weiland Fliegenfänger
auf dem Feld unterwegs sein,
mit

Bewusstsein konträr zum freien Raum

in Gummistiefeln gegen die Motsche

kreationär liberal im Geiste
old school

Texten portionsweise poetisch
helle . Frikadelle . Gesundtrunk Lebertran

Homo Doof, wenn's geht
superior bodenwärts ständig

"Kannisein, möchte aufsteigend besser werden",
Gedanke gefangen!

bekannte situation
-   defensivgeist

schon mitbekommen?
leistung
wird angefochten.
Sei doch nichts –
unbedeutend, nutzlos
ohnehin ohne sinn

alle ergebnisse für den kamin,
was zum ergötzen für manche

alle anerkenner bloß trottel
links, aussen, kaum erkennbar

schon mitbekommen?
das schreiben von büchern
wird verachtet.
Sei geschreibsel –
besser zu vergessen, unverkäuflich,
somit nix

wenn irgendwo etwas oder
jemand landet,
dann doch
nackt
fast wie Diogenes in der tonne

und
trotzdem
geht's
weiter
bis die Sonne implodiert

Kein Ereignis, Du!

Hier: Dies Häuschen
der Liebe
ringsherum Wiese, aber
ein Pfad führt zu ihm
ein, zwei Leute gehen
und unterhalten sich.

H., Gast, schleppt ein Riesenzepter
weg: ein Hauskeller wird befreit
von Sinnlosigkeiten, von Gerümpel.
Ja, hier: Hochgewachsener Herr
in beigen Pantoffeln
„Höret mir zu!" deklamiert er
im Häuschen - liebeserfüllt
hinter dem Rauschebart
immer ein Mund

kräftige Wörter schießen
heraus
klare Sätze entstehen
füllen das Häuschen
mit Liebe!
Du bist gekommen, um zu
schweigen

Dieses Auflösen einer Blockade

ist sinnvoll.
Vor den kreativen Werken anderer stehst du
ehrfürchtig. Ja wie gebannt.
Das sind Erfolge, erfüllt mit Stolz
weisen sie auf sie hin
versuchen vieles, dir
zu zeigen, Wege zumal: richtige?
Siehst in dir Blockaden.

Siehst Verhinderungsversuche.
Die erzeugte bohrende Skepsis.
Wahrlich: Selbstzweifel verschwinden selten!
Guckst nach oben, Vogelschwärme ziehen heran:
Ein Gefühl des Aufbruchs kommt auf.
Auf dem Hügel hockend, guckst du
In dein Innenleben, um
zu erkennen, zu begreifen

In den Büchern

Hier eine Oase:
Hätte man dies nicht, dann …
Käme alles anders
Wäre auch vordem alles anders
Gekommen.

Auf dem Bett liegend:
Ein Buch nach dem anderen
Verschlungen
Auf dem Stuhl sitzend:
In die Maschine getippt
Und … darüber nachgedacht
Wieder und wieder gelesen
Sätze und Sätze und Sätze.

Am Morgen, mittags, nachmittags und abends.
Ein Erkennen, dass es so weitergehen kann
Ein Wollen: es muss ja auch!
Im Glauben an sich selbst
Und die Welt der Bildung, und zwar so,
Als würde es nur darum gehen,
Sich selbst der größte Bücherleser zu sein
Also Mensch als Leser und Schreiber,
Schreiber und Leser
In den Schlünden des Geistes irrend,
Orientierung suchend
Ein Wohl und Wehe des Menschen
Ströme überquerend … durch Brückenbau

Für die Bücher

zu leben
Ist eine Freude, vor allem eine innere
In die Tiefe gehende
Ausfüllende! Glücksverheißende! Andauernde!
Für die Bücher
Zu leben
Ist zutiefst gut und zufriedenstellend,
weil Gedanken in einem zur Geltung kommen können,
die die Realität zeigen, aber auch beweisen;
die die Schönheit des Lebens aufzeigen,
aber genauso dessen Hässlichkeit
und dessen Möglichkeiten, Grenzen und
Maßlosigkeiten, Niederungen –
Grautöne und viele Schattierungen – .
Darin: Bosheit und Güte
Und zahlreiche Wege
Zu den Quellen des Daseins
Und den vielen Begründungen des Da-Seins!

Mein Buch

Du bist. Mein Buch wie Mensch

Mein Leben Du Buch, ja doch …

Mein Buch = mein liebes Leben

Du Liebe, Du:

Das war wahr, ist wahr

Wird immer wahrer werden.

Du bist mein Buch, die Wahrheit!

Meine Wahrheit ist das eine Buch.

Zweifel keine, Sorgen aber schon.

Die Buchstaben kann keiner ersetzen,

Die Menschen schon!

Berliner Bücher

Gleich
Grüße
Zum Glück

In der Tram
Und im Buch, das gelesen wird:
"Bücher, der Welten Gang", es ist
Seitenweise interessant, huh –
Quirliger Geist unterwegs
Bleib hängen, Inhalt

Gleich
Sätze
Zu Mittag

Am Tisch in der Laube.
Und TV
Im hohen Gras.
Kartoffeln geschält
Während der Sendung
Von He.

Berliner verputzt
Danach.
Wörterbuch zerrissen, –

Persisch ist zu schwer,
Wahrheitsanstrengungen können
Misslingen,
Rr ist gekommen, um
Zu stammeln.
Wird es klappen?

Bestandsgefahr:

Eher selten
Wollen sie deine Bücher haben
Eher selten
Mit dir gehen
Wohin auch immer, Ideen
Und Initiativen gibt es zuhauf.

Wenigstens lesen?
Wohl immer dabei
Immer aktiv
Immer arbeitend, vorausschauend,
Konstruktiv-negative
Destruktiv-positive
Positionen beziehend, verleugnend.
Und: Wenigstens lesen?!

Was sich zeigt, ist,
Wahrheiten sind zu generieren,
doch auch zu destruieren.
Wunder der Fantasie und Eingebung
kündigen sich an!
Sie werden sich zeigen?

Man will auch gelesen werden,
besprochen
anerkannt werden, analysiert.

Man braucht das Feedback
Der Wenigen, der Vielen
in einer Zeit des Aufbruchs – oder Abbruchs?

Bücher/Leser

Nicht nur Kenntnisse, auch Erkenntnisse werden durch
das Lesen von Büchern vermittelt
Mithin geht es um das Sich-Vertiefen in die Inhalte
Wenn das gelingt, werden Kenntnisse und Erkenntnisse
aufgesogen …
Erhellt werden die Psychen derer, die lesen
Das Buch ist ein Zweckobjekt, doch auch eines,
welches geliebt wird
Wahrlich, so ein Buch ist nicht nur ein Gegenstand, es
ist eine kleine Welt für sich
Es bereichert das Leben eines Menschen um vieles
Jeder Leser, der leidenschaftlich in seinem Tun ist und
gerne Bücher kauft und ausleiht, weiß genau, wie es mit
den diesbezüglichen Gefühlen aussieht

Neidisch zu sein, das ist nichts Gutes,

selten wird's erkannt,

besonders vom Neider höchstselbst.

Fehlende Bildung durch Bücher

wird oft als Auszeichnung verstanden:

Arroganz entsteht auch durch die Umkehrung des

Unterlegenheitsgefühls

in das Überlegenheitsgefühl –

Wenn ach so viele Bücher auf den Regalen in einer Wohnung stehen, so könnte der Gast die Meinung vertreten, die geerbten und/oder erworbenen und/oder geschenkten Buchexemplare als Ergebnisse des schöpferischen Wirkens vieler AutorInnen seien überflüssig!

„Ich weiß doch genug, wenn auch nicht alles. Aber wer weiß schon alles!? Die Mühe, so viele Bücher zu lesen, lohnt nicht!"

Wichtige Freiheit
in der Kultur

Wer die Freiheit liebt,
auch nur den Gedanken an sie,
weiß sie zu verteidigen,
falls sie auch nur ansatzweise bedroht wird.

Die Freiheit des kulturellen Schaffens
gehört zum Wichtigsten.
Die freie Meinungsäußerung
ist dem eingeschlossen.

Freiheit, was auch immer konkret
jeder Einzelne unter ihr versteht,
ist ein Muss –
Also muss alles für sie
getan werden,
in der Kultur
ist sie ein Refugium der Wahrheit
und des Ausdrucks.
Vor allem wirtschaftliche
Begründungen für Handeln und Tun zählen?
Nein, richtig ist vielmehr:
Kultur erklärt sich aus sich selbst,
nicht aus dem materiellen Erfolg.

Freie Kultur ist wertvoll, wenn sie für sich selbst steht,
Kreative zu Wort kommen lässt,
Probleme des Lebens angesprochen werden,
dasselbe wahr abgebildet wird
und die Fantasie freien Lauf bekommt,
Bedürfnisse und Ziele zu artikulieren!
…

zudem gesellschaftliche Normen auf
ihren Sinn hin befragt werden –
Schwächen der Menschen aufgedeckt –
Humanität stets das Ziel ist –
das Böse erkennend!
So dass stets Hoffnung auf Besseres keimen kann!

Ein destruktiver Kult der Freiheit ...

Mensch Du,
stets bestrebt,
über allem zu sein,
frei anderen Wesen die Freiheit zu rauben ...

Einzigartig,
Aber
Auch
Bösartig –

Tier, ja
verloren und ausgeliefert
dem Ausbeuten
in Menschenfreiheit!

*

Willst in allem
Wesen, Mensch: vieles bestimmen,
doch ERREICHST WENIG GUTES.
Zukunft bist Du gewillt zu sehen,
doch übel Althergebrachtes
wird verstetigt:
viel zu wenig Verstehen
vor, während und nach dem Tun

*

Mensch, ich,
manchmal energetisch aufgeladen
voller Tatendrang, jedoch
die Wandlungen bloß
in der Kultur umsetzend …
das ist zu wenig!

Mit politischem Denken vorwärts
für die Freiheit des Worts, der Kunst,
der Kultur insgesamt,
mithin der gesamten
WesenWelt.
Auch der Tiere!

Eines Kreativen mögliche Freiheit

Dunkelblaue Himmelsdecken
über einem,
verwinkelte Stollen in Gebirgen,
vielleicht Tunnel, die nie enden,
Straßenmeere in der Megalopolis
oder Verliese
oder allein auf der Insel ...

Dereinst wirklich
LITERARISCH
frei zu sein wird bedeuten,
das glück des schöpfers pachten zu können:
weniger forderungen, die
an einen gestellt werden
weniger konkurrenz
und rücksichtnahme
auf andere, oder gar auf das bankkonto!

also weniger soziale enge

frei von gier und wunschdenken!

Obzwar das große Ja
Zum eigenen Selbst
Die anderen Selbste nicht ausschließen sollte –

Auf diese Art
zu leben hieße denn auch,
bewusst das Leben annehmen zu können –
bedrohliche Schatten, einmal erkannt,
zu entfernen
Möglichkeiten zu sehen und zu ergreifen.

So wird das Leben selbst
zur großen Chance
einer SELBSTVERWIRKLICHUNG

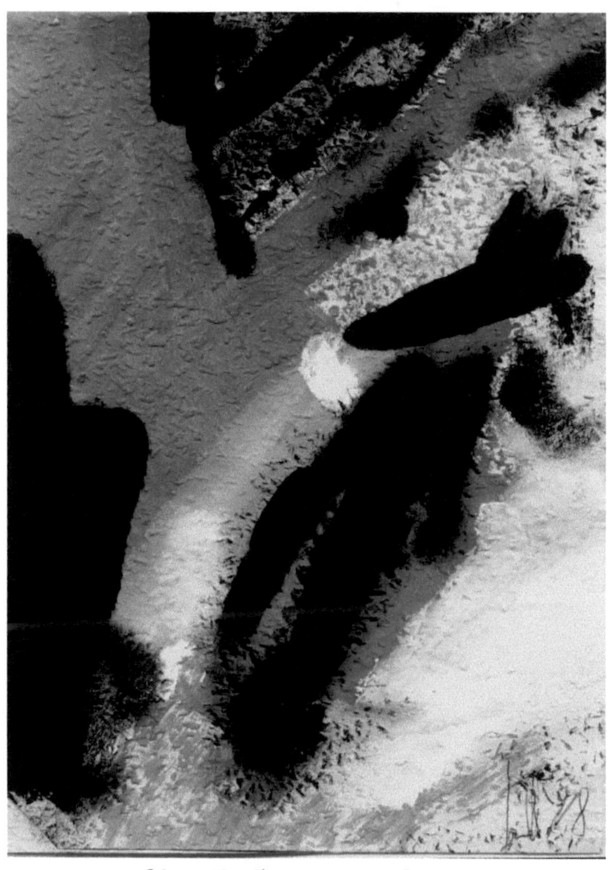

„Ohne Titel" von Kay Ganahl

Identität

IDENTITÄT,

ARBEITEN

Gutzeit/Das Skript

tätig,
fruchtbar wohl

und fast ohne Unterbrechung.
Das Skript wird
länger und länger,

man kann nicht aufhören.
Je mehr kommt,
desto schlechter die Qualität,

doch unheimlich der Eifer,
noch kostbarer die Zeit –
die Türen schließen sich

von selbst.
Falsch wäre es
auch noch nachts zu schreiben!

Im Garten:
Bilder strömen nun statt Worten;
Nebelschwaden durchsetzt von Lichtblitzen,
ein Tümpel voller Gedanken …
In der Garage die
Abgase/
man kümmert sich kaum

KRITIKER aphoristisch erkannt

kritiker kommt nachts und überfällt einen mit seinen
düsteren worten, als käme es darauf an

im burgverlies hockend, kann es sein, dass es einem zu
viel wird, wenn auch nur ein kritiker auftaucht, um das
urteil abzugeben, womöglich das vernichtende

in den wolken, wo es angenehm ist, wird man
angegriffen von kritikerdrohnen, die fliegen und fliegen,
als ob sie ewigkeitsgetankt wären

wenn die porträts aller kritiker bekannt sind, kann man
optimal reagieren auf anfechtungen derer, die nicht
anders können – die schlimmbessern und
gutschlimmern – schlemmend die Eigenmeinungen,
als gäbe es nur sie

die armut ist bedenklich; die kultur, die unterschätzte,
braucht keine menschen, die sie noch weiter unten
einschätzen

die zukunft ist fast tot; das geht schon nicht an, doch
falls kritik nötig erscheint, erscheint dem kritiker die
keule

**gratis
immer
zahlen
nie
ist doch okay so
keinRisikokeinProblem**

gratis
geht
es noch, sonst nicht
gratis gern, sehr angenehm

Kultur darf nichts kosten
im Grunde alles Klimbim –
eine Sinnleere mehr,
wie man weiß

die Teuren lachen sich
kaputt
Arrivierten, Hochgeschlossenen
stets Geladenen

ringsumher
innen auch
wird die Freude verewigt –
über das Bankkonto

und wir rollen uns ohne Anschub weiter

Gelegenheit zu schreiben

Statt
zu warten, eilt sie nach oben
den holprigen Weg zum halben Berg
hat sie gefunden
Wolken zum Greifen nah, Gedankenflüge
Buchstaben - Gewimmel
im Himmel
hallo, kommen dort Engel?
Friedrich v . d. Trenck …?
Marc Anton? Who's who?
Wie schön, prima Tage in der Kabine,
transparentes Dach, –
künstliches Grün, –
Es ist bequem:
Blicke, sie notiert die Eindrücke
und huscht unter die Decke, dabei
memorierend
ein Lied wird begonnen …
eidiwei im blonden Haar verfangen sich
kleine nette Spinnen
und der Schwarzkaffee ist bitter, fast ungenießbar;
süß sind jedoch ihre Träume –
kein Wunder, arbeitslos, sie liebt das nicht.
Wo das Glück?
Bescheidene Zufriedenheit gibt es in ihrem
Leben

Wirkung des William

Weiter noch … Gold, guckt an!
-	mehr als sonst - Insel Werk bestens
schlechtestens,
pervs melden sich, akzeptieren nur Wunder.
Am Beistelltisch wartet Kater Bowie
voller Neugier.

In der nunmehrigen Lebenshölle schluckt
William Aufputscher, Heilslutscher
und Drohnen fliegen
zwischen Planetenpaaren im Schwarzraum.
Sie werden abgefangen
im Bewusstsein

Hallihallo eines Hallodri:
heroisch zwar, doch doof:
Linksaußen der Politik
nach Herzenslust
in den Morgenstunden
neuer Zeit_Werkbank

Nudelsuppe, versalzen,
wird wettgeschüttet
Goethes Bücher folgen
zur Freude der
Entfreundeten und Feinde.
So!

Tag der Sauberkeit

Wischmop kommt
und los, Eile ist geboten
alle Jacken zurück in den Kleiderschrank
Notizen in die Holzschatulle
und die braunen Lederschuhe hinter das Sofa

Zack einiges Intellektuelle geklärt,
außerdem die Seifen in die Schalen zurück,
der Klobrille Existenz wird gesichert
und der Vereinsvorsitzende ruft an – heho!
Lange Leitung.

Alsdann ein Schluck aus der Pulle,
während der Rollator …
gesucht nach dem Unheil der Diskussionen,
keines Menschen Heil im Kochtopf,

erhitzt es sich denn gleich?
Wann endet es endlich? Er lässt nicht locker

Und schon ist es Mittag,
wir haben wirklich ausgetauscht, abgeglichen, abgeklärt
haben gelacht –

dieser nunmehrige geistige Höhepunkt treibt Goethes
Lotte
in den Wahnsinn, ja heute, ja morgen und für immer
steht zu befürchten!
Ich brüte über seinen Vorschlägen, die

er wohl in der gestrigen Nacht ausarbeitete, der Emsige
der größte Vorsitzende aller Zeiten –
denke ich einfach einmal, kratze mich hinterm Ohr
und denke schlagend über alle Vorsitzenden der Welt
nach –

Lotte? … hier schreibt Gunnar sie, sitzt neben mir, ins
Buch
als Figur, Dame und Freundin des großen Dichters.
Gunnar ist die perfekte Verkörperung des Biografen,
mein Gott. Allen und allem forscht er hinterher, der
Lästige

„Wann wird das Buch veröffentlicht, Gunnar?“
„Keine Ahnung. Der Verlag ist langsam. Zwei
Berufstätige. Es ist eine Schande. Ich werde verarscht –
nach Strich und Faden!“
„Das ist gut so, Gunnar, dann lernst Du deine Grenzen
kennen!“

Das Dichten im aufbrandenden Jetzt;

frühmorgens
im Wald auf dem Haufen Tannenzapfen hockend:
das Brett ist schwarz, Gedanken sind schneller denn je
–
Zahlreiche Sätze, all die der Fantasie entsprungenen
Bilder!
Gut eine Stunde lang hat diese Sitzung gedauert.

Hinter dem mit Goldmünzen beladenen
Bollerwagen laufend – es hat sich ja gelohnt!
Blicke hektisch nach links und rechts,
dann wird die Fantasie aufgerufen!
Weit vorneweg dieser bunte Papierdrachen …

Was kommen wird, liegt im Ungewissen?
Alles Alte ist am Sterben
Visionen und Ideen bemächtigen sich unser
Und unversehens
Stolpern wir über das, was schon gekommen ist.

Ein Schöpfer, andere Schöpfer

Alldieweil das Zetern der Konkurrenzdichter ertragen,
aber gern.
Man kennt sich, schafft Trugbilder, argumentiert gegen
andere.
„Gut ist keiner, alle sind gut!" hört man auch. Keiner
glaubt es.
So gut wie jeder rennt in Richtung Erfolg,
an sich selbst vorüber
vor die nächste Grube. Rein! Hurtig! –
Wahrlich, es überschlagen
Sich die tollsten Gedanken
Wunder gibt es nicht, nur Arbeit
Bis zum Geht-nicht-mehr
Allein oder in der Gruppe!
Angesichts dessen, dass irgendwie irgendwo
irgendwann
Fast alles umsonst sei
Und wirklich kein Preis gewonnen wird
Und Menschen einfach sterben

bejahung der schöpfung durch den menschen

lieben kultur und was es im schöpferischen noch gibt
um uns selbst zu sehen, ja überhaupt zu sehen
weil das sonst kaum geht - sehen ist sehen
weil kultur durch das erschaffen
von werken geschieht.
zahlreiche lebenskümmernisse treten auf
denn sie sind unvermeidbar
kosten zeit, nerven und geld
zeigen, wie wichtig sie sind
legen menschen nahe, endlich
als menschen die menschen anzuerkennen,
trotz der schwächen des menschtums
gerade wegen dessen schwächen!

Gegen das Erschaffen
Von Werken der Kultur
Spricht, dass Ideen fehlen,
Zu wenig oder keine Initiative vorkommt,
Kein Erkennen des Sinns, Fantasiemangel und Gottes-
glaube,
Die Verehrung von Größen, Talentmangel,
Niedrige Intelligenz, Glaube an den Mammon,
Verlust des Ehrgeizes, Ziellosigkeit und
Fehlender Wille zur Vollendung des Werks.
Zudem: Zuviel Konkurrenz und lächerliches,
Dem zu Einfachen verhaftetes Alltagstun.

Zwischen Leben und Dicht-Kunst!

In vielem je ein farbenfroher Vulkan, der auch ausbricht

–

Kurioses und Bizarres als kunterbuntes Durcheinander

immer wieder überall und zur Unzufriedenheit vieler und

aller

– und als ein Keinerlei der Wertmanifestation in der

Gemeinschaft/Herrschaft/Wirtschaft –

gut, schlecht, nichts: wirklich und unwirklich zugleich!

In vielem je ein Schöpfer, dessen Gedanken Kinder

zeugen –

Nicht zu verhindern: Wenn die Bilder,

dann die Schriften, Schriften zu Bildern,

vermischt und eine Vielheit des Ausdrucks

in den unendlich häufigen Wogen der Ozeane

der krassen Gefühlstäler und Gefühlsberge

ungleich dem Wirklichen,

abschießend von dem

Mit- und Gegeneinander der Menschen.

Die Art ist gleichermaßen Unart, ihr Gegenteil;

das Wesen eines Menschen auch sein Unwesen;

der gelegentliche Ausbruch von Kreativität

bald auch das Versinken von allem,

was sie ermöglicht hat und weiter ermöglichen soll.

Bilde mich selbst

und bilde Meinung

bilde dichtes Werk

durch das Abbilden der Realität in Begegnungen mit …

Schriftsteller: Mut

Man wagt zu denken, wagt es, zu leben. Zustände
erkennend!
Ist man doch ein Mensch, sich für
vollwertig haltend – und geistreich.
Philosophieren und schriftstellern
gegen die Widerstände
nachts und tags, allein oder nicht
mit Risiko gegen feindliche Meinungsströme.
Keine Arbeit wäre wichtiger
wichtiger als diese Berufung:
als ein Weg zur Wahrheit

Schriftsteller: Schreckliches verarbeiten

Ja! Schreckliches zu hören,
es in sich aufzunehmen
und zu verarbeiten – töten zu wollen
hassen zu wollen

Sonnen aufgehen zu sehen,
aber auch gleich zu verleugnen.
Bizarres, Krudes und Kurioses
als wichtig anzuerkennen
Das Böse: Es mitzunehmen auf
Reisen durch den Geist,
den eigenen und die der anderen –
möglichst auf Nimmerwiedersehen!

Die einen umschwirrenden Monster
große boshafte, skrupellose Wesen
in Nebeln und Schatten, Ecken und Büschen
AUCH NUR ZU SEHEN UND ZU HÖREN, alsdann
endlich Ideen und Konzepte, die vorhanden
auszuarbeiten, in die Welt zu schicken.
In Büchern verstehbar zu gestalten!
Für die Weltwandlung!

Erst ein Entwurf im Geiste,
erstmals zeigen wir dies den Menschen

Das Schreiben in inhaltlich-kreativer Absicht
Hilft, ja hilft wirklich
Zu leben
Im dunklen Einerlei
Hm, auch im Nirgendwo, auch
In dem Irgendwo und WIE
Zumal in existenziellen Zwischenräumen,
Dann auch im Schmutz
Und über den Wolken,
Wo Gedanken besonders leicht
Fliegen oder schweben.
Trotz lebensnahen Unsinns!

autor und leser

schreiben gleich denken in der geistigen Schieflage
zwischen Buchdeckeln mit Inhalten, - Inhalten, die
gerade geschaffen werden - und zwei kämpfenden
Piraten des Geistes, die in der Fantasie existieren –
sonst nicht – .
Morbide anmutend ist währenddessen das, was als
Lebensvollzug, gerade auch im Autorenleben, einfach
geschieht, eine Normalität im Gleichzeitigen
Ist das interessant? Schon möglich. Doch es geht um
die Textproduktionen … die Erfindungen … die
Fiktionen …
werden spannende Handlungen und interessante
Figuren erfunden, denen der Leser durch Handlungen
folgen will?
Hin und wieder

Wagnis ist Geschehen, ist das Das im Selbigen, mit
Menschen und Tieren, mit Abenteuer und Risiko,
ständigem. Dies sei doch wohl so ein Geschehen,
welches in den literarischen Inhalten nicht gelingen
könne; Autoren behaupten gern das Gegenteil.
Viele aber wollen das gar nicht.

ÜBRIGENS:
heroisch zu sein sei ein Ziel im Leseralltag, nicht im
Alltag des Autors - derselbe freut sich über gelungene
Geschichten und Gedichte.
Das muss alles nicht zu Spannungen in seiner Psyche
führen, braucht keine Sensationen, Katastrophen …
Das Morbide ist im wahren Autorenleben nicht
erwünscht, also größere Verluste, die Löcher überall,
Abrisse, Niedergänge, Untergänge, Abgänge, Tote und
grässlich Verunstaltete …

OHNE titel

das Aneinandersetzen von Wörtern

sei

nichts

das Arbeiten hingehen

sei

extrem WICHTIG

sagt man, sagte man
immer wieder

denkt, dachte man
aus Überzeugung

aber dies ist ein Vorurteil

Höher

Anerkennung ist käuflich
durch
Beziehungen +/- …
Doch nur beschränkt

Es dämmert manchen,
dass nichts ohne Begabung
läuft

Es entwickelt sich
wahrhafte Größe durch Reflexionen

Arbeit an sich selbst
und die Förderung durch andere

inmitten der Dämmerung hin zur
Wahrheit, -
zwischen den Buchseiten die Dummheit,
in den Laken rotes Segelzeug verborgen

bescheißerland -

keine Lust
kein Antrieb
für oder gegen was –
aus der nacht kein entkommen
auch nicht aus dem kontext
deines Lebens –
schlimmer geht es kaum:
nur haft, nur eingesperrt
ins Da-sein-Müssen – huch,
opfer der anderen, gewillt, anderes zu wollen
trotz des geldes, trotz erfolgen

das meiste ist lügengeflecht, hyänen hartes tun
hyänenhaftes tun …
sie warten auf deinen downfall
dafür tun sie alles, ekel drüberschütten
Wörter
böse Blicke.

im grunde ist alles nichts,
nichts alles; alldieweil
Kulturaustausch mit Bedenkenträgern,
entfreundlicht, entsetzten menschlein
ob aller sinnlosigkeit
im sumpf der politik

hauptsache diskutieren –
quatsch drehen und umdrehen –
gesichter angucken –
werke weiter schaffen

Literarisches Leben

Defensive - wer hält noch zu uns?
Es wird gekämpft
Wohin treibt der Kahn ab?
Was wird letzten Endes bleiben?
Wer überlebt?
Abgänge gibt es en masse
Läuft der Kahn auf Grund auf?

Keine Zeit?
Keiner hat genug davon –
Kein Geld?
Quellen versiegen ...
Die Jugend interessiert nichts
am Kaffeekränzchen,
am freundlichen Miteinander ...

und die Kälte der KI zieht ein,
tödliches Wollen von Geistfeinden –
ein übles Treiben
hinter den Kulissen,
in allen Sphären, allen Nischen, so
auf Bühnen und
in Köpfen

In
Der
Engen
Wahl
Steht
Keiner

Für
Die

Wahrheit
Der
Authentizität
Steht
keiner
Ein

Wir
Stabilisieren.
Literatur
Endet
Im
Tablet.
Der
Hafen
Ist
Verschwunden.

Dunkle
Wolken
Ziehen
Auf
Und
Alles
Versinkt!
Liebe
Und
Güte?!
Erfolg?
Erfolgszahlen?

Geschrieben, schreiben, weiterschreiben

in Konkurrenz,
außer Konkurrenz ist keiner.
Am Schreibtisch
Oder Pult oder im Swimming Pool.
Den Klodeckel gefährdend
Tagsüber, abends oder nachts –
Vielleicht frühmorgens beim Frühstück.
In sich gehend, trübsinnig oder heiter
Schnell, schneller, wirklich immer
Schneller: Gedankenströme steuernd.
Satz für Satz
Seite für Seite: Hölle oder Himmel
Oder irgendwo dazwischen!

Ein Bedeutender
Vielleicht eher Unbedeutender.
Ein Werdender
Oder weitgehend gleich Bleibender.
Psychisch erkrankt
Oder sogar ganz fit.
Konkurrenzsituationen annehmend –
Übellaunig wird viel Negatives hingenommen.
Zeilenschmiede haben's schwer,
doch kaum einer weiß das:
Normen müssen eingehalten werden,
wenn es auch schwerfällt

ha!

Zusammen Geschichten

im Genick
dieser Käfer
wer weiß, woher
ANGENEHM, es
sitzt Kathy auf Franks Bettkante.
Und es rieselt der Schnee,
die Linsensuppe kocht über –
gesüßt mit Ideen der
Leidenschaft
Lust und
Liebe
…

WAHRLICH, Frank ist scharf, kaut Pilze
mit Limo aus dem Kasten –
ist zwingend nüchtern – biestig auch,
dann nachsinnend
über den Lebenssinn,
tippt das ein und
lässt die Gedanken los,
die weiter preschen . Sie werden
Torten töten Kathy auch Liza auch:
Elaborate des Seins
gewinnen Gestalt durch die Maschine
in der Maschine, doch
ohne KI, er sagt „Brauche das nicht!"
…

GESCHICHTEN der doofen Lust
beschreiben die
Oberfläche überall

Frauen wie
Frauen die
aktiv, aktiver
in der Notverwaltung der Gefühle –
Frank ist belustigt, schreibt gegen
Ehemänner

…

HIER: Frank und diese Kathy, Hand in Hand
arbeiten sie kreativ für die Kultur,
sind selber doch künstlich gestaltet.
Kopf an Kopf
gehen sie ineinander über.
Die Maschine ist viel zu laut!
Aber bald wird es im Kasten sein,
wiederholbar, abrufbar, auf Papier
gebannt – das hier ist die die die
die Maschine erfahrener Denker
und Liebhaber in einem.

Lange könnte es gut gehen, als
längste aller Nächte.
In die Lebensgeschichte beider
eingehen, beide überleben lassen
in den Erinnerungen anderer
Geschichten anderer

Anfechtungen von außen
gibt es keine
Kritik, nicht einmal Kritik
ist aufgekommen
zermürbend ist dies zwar,

doch auch erhellend

Ein Wunder?
Die Liebe hält zusammen,
ermöglicht auch unverhofft Leistungen
über Hindernisse hinweg, auch Zweifel.
Dafür ist Zeit genug.
Sie werden sich entwickeln

und auch ihre Kunst.
Sie sind ein LiebesAutorenPaar,
als solches einzig
in der Welt der Kulturtätigkeiten
und
Liebe!

Frank hat auf einmal laut
gelacht
und springt aus dem offenen Fenster
in den Papp-Schnee draußen.
Kathy folgt ihm … in dasselbe Gefühl:
ein bisschen Glück

GlücksPech.

Oder: Sie hört es

Viel Glück! (hat es gehört)

Viel Mut im Tun, aber auch wirklich jederzeit und … !
(hat es überhört)

Gute Einfälle und möglichst viele, damit es klappt! (Sie

lacht auf und tritt hinter die verschlossene Türe)

Wertvolle Gedanken, weiterhin, so dass andere auch

profitieren können! (Ihr Stern versank schon vor Jahren.

Es geht ihr schlecht)

Sterne vom Himmel holen, um sie zu pflegen, einzu-

bauen ins eigene fruchtbare Gedankennetz! (Sie hat zu

weinen angefangen)

Im Alltag Wichtiges vom Unwichtigen trennen, gütig sein und sozial! (Hämisches Gelächter ihrerseits hinter der Tür)

Erfolg heißt, in der Beurteilung anderer Güte zu zeigen und Maß zu halten! (Sie hat einen Hard Rock Song laut aufgedreht)

Misserfolg heißt, keinen Menschen in einer Beziehung an sich gebunden zu haben! (Plötzlich herrscht

Todesstille …)

Erich Fromm zu lesen kann bedeuten, in der Liebe und im Frieden und im Miteinander der vielen Menschen in sich selbst durchaus einen Ausgleich finden zu können! (Sie ruft: „Kein Kommentar!")

: KREATIVITÄT :

Wegen Geld
Sonst nichts
Wegen Ruhm
Sonst nichts
?
—

Zum Zweck der Selbstverwirklichung
Auf selbst gewähltem Weg
Offen die Güte anstrebend
Ohne Egoismus
Im Wollen und Sein
Für die Freundschaft und
Die Liebe
Am Meer geboren
Ins Meer der Zeit gesprungen.
—

Zusammen und
Einheitlich
Ein zeitgleicher Strom
In Wogen
Das Denken in Fantasien
Gießend
In der eigenen Zeitspalte
Wo Raum für Freiheit
Noch ist, bleiben könnte
—

Offen gegen die Zukunft
die Normalität - Lebensmühen

In Geschichten wird es
Dargestellt, erfunden oder nicht

Dazu kommt,
Das keine Geschichte endet

Immer geht es weiter,
Weil das Leben

Stets Fortsetzungen erfährt:
Sich an den Menschen reiben
—
Ob das gelingt,
Wäre die Frage
Nicht das Ding
Regiert:
Der Mensch,
Und die Welt in Wogen
Und Wort mit Tat versöhnt –
Tiefer Fall
Aus dem Himmel
In des Teufels Schlund …

Das Atelier,
eine kleine Privatgalerie

Du weißt Ich weiß und dazwischen
ist kaum etwas

der siebzigjährige Perkussionist kam nachmittags
zum Kaffee und trommelte. Er schreibt Kurzgeschichten

Nachts robbten wir zusammen über die Wiese
Glückserfüllt lud ich Dich dann ein
Mit ins Atelier voller gerahmter Bilder zu kommen

Schwache Strahlen des Lichts
Die Wände sind fast leer
Bilder angelehnt zu sehen, das erfreut
das Herz
Du lachst in den Wandspiegel –
während ich die leere Tasse fallen lasse
"Schöne Zeit!"

Meine Bilder sind Objekte voller Erotik
und gehören der Allgemeinheit
meine ich, luge durch das Loch
zum Nebenzimmer und grinse.
Es ist Zeit, dass Du auch durchguckst
schnell, schnell,
bevor die Polizei als

Vision erscheint –
Nachts ein Chaos –

Verrückt sind wir
und verschwommen unsere Sinne

Kultur am Rande: Was wird von Kreativen gehalten, die über sich selbst hinauszuwachsen scheinen, weil sie kreative Fähigkeiten besitzen, die ihre Mitwelt als „übermenschlich" und verachtungswürdig ansieht?

Wenig bis nichts:

Sie werden abgelehnt, kritisiert, sie

Können schaffen, was sie wollen,

Es wird weitgehend ignoriert.

Das geht bis

Zur Verachtung, zum Hass, zur sozialen Ausgrenzung

… zur Vernichtung!

Vererbte Hochbegabung und Selbstbewusstsein

Verursachen die Missachtung anderer

Und sie landen im Hades der Ignoranz am sozialen Rand.

Kulturschaffen ist so eine Bürde,

Etwas, das eher versteckt werden muss, als

Veröffentlicht.

Etwas von Bedeutung, doch

Vernebelt und vergraben und …

Das ist eine Bürde, die ein Einzelner zu tragen hat,

Ob er will oder nicht.

Konkurrenzdenken, Neid und Missgunst

Nichten die Vernunft, schmälern die Toleranz –

es ist einiges vorstellbar

„Mickriges Chaos"   von Kay Ganahl

LEGENDE?

NORMALO?

Not Without The Beatles

Ey, All You Need Is Love
Sofort
Verzweifelt nicht, Boys
A Day In The Life
Wird es schon noch funktionieren:
Gitarren gestimmt, Stimmen geölt
Im Chor: Day Tripper
Ohne Pause, bis Ihr groggy seid
Zuviel des Ganzen!
Klare Sache!

Within Without You
Könnte Euch so passen!
Gefordert wird die musikalische
Ewigkeit
Die Musik, die jeder kennt
Von den meisten anerkannt
In allem das Beste
Und erreicht wurde und wird
Das Meiste
Das war schon immer A Hard Day's Night

Dies haben wir noch nicht

Gundel reibt sich die Augen,
Vom Stuhl gefallen

Die Beliebte,
Hielt schon zig Reden

Lächelte jahrzehntelang ins Objektiv,
Gestresst, gefoltert von

Vorgesetzten, lame ducks
Instrument für deren Erfolg

Dies haben wir doch jetzt
Und sie sitzt beim
Psychotherapeuten,
Super, alles super
Mir gehört die Zeit
Als einzige Lebensverschwendung.
Als Erfolgsmensch, berichtend
Über Katastrophen –
Sie als Göttin der Star-Memoiren.
Gütiger Mensch

A – C: Nicht viel,
aber immerhin etwas

A Graue Wolke
Hallo!
Kein Gehen, nur ein angenehmes Schweben: Mit der
grauen Wolke tanzen - und Sonne im Bewusstsein, mit
einem Mal unterglücklich überpechlich, wiewohl
nirgends, auch nicht in Wäldern oder in Gebirgen oder
Ebenen oder im Himmel zuhause sein können - Meme
unbewusst vorhanden. Perpetuiert ins winzigste
Lebensdetail.
Grüße
...

B Earp und Holiday
Test Test Test
Adolf "Adi" Düsterling, neunzig,
irgend so ein Mächtiger:
kraxelt auch in seinen Hirnwindungen,
um zu finden, was doch eigentlich
nur zu suchen ist.
Geht das noch gut,
dann druckst er vor der Ladentheke herum,
trifft hier zufällig
Wyatt Earp mit seinem Revolver -
mit dem Doc, besoffen, Karten in der Hand.

Schluck Peng verwundet.
Der ruhige Earp lächelt freundlich
in die Kamera
Während Doc wütend zur Ladentür
hinaus schreit!
Der Regisseur kümmert sich rührend

um Burt, der der Earp ist ...
kickt aber Kirk raus.
Und nichts ist wirklich
Und die Szene ...

C_Mail
Guten Abend, Freunde,
es war ja Zeit, für Euch zu gehen
hatte jedoch noch
vieles zu sagen: richtig Tragendes, nämlich
Neues, Fundamentales!
Einfach Schönes, Bereicherndes!

Und jetzt? Ich grolle.

Suche nach Antworten, finde keine
und spucke in alle Richtungen Galle.
Billy The Kid
erwacht zu neuem Leben, als
wäre er nicht von seinem Kumpel
hinterrücks kaltgemacht worden!

Winzling, The King, könnte mir ähneln:
Ihr bekommt nichts mit,
von mir eh nicht -
versuche krampfhaft nachzudenken,
auf dem Boden kriechend -
oha, das Multiversum mir vorstellend!

Das, wenigstens, macht Spaß!
Wahnsinnig cool, unfassbar gigantisch -
Fundamentales Euch mit Wut nachgeschossen,
das raketenähnliche Geschoss.
Kommt das denn gut an?
Ich hoffe es sehr!

Westernheld

Geht bestimmten Schrittes

Hoch gewachsen

Mit Hut.

Als Sheriff, Cowboy

Hollywoods:

schon betagt,

seit Kindertagen gesehen und

manchmal gemocht.

Nicht selten genervt worden,

oft ein „Weg!", abgeschaltet.

o. t.

im krimi verloren vorm tv,

mit den härten des detektiv-daseins vertraut, mag es

pistolen, dunkle ecken, wendungen und wenden,
kurvige rauchende damen
und autos in kurven, rasante fahrten.
abends dann das dinner
mit der mafiagröße. ermittlung
abgeschlossen

Der Cowboy

Hey, ich glaub' an Cowboy Walter Wäge,

zeigt mir immer seine Mappen.

wenn er spätabends

nach dem Treffen weg reitet, dann

ist alles leer - das Zimmer, Psyche …

auf dem Altar

der Schöpfung der Werke

springt Demon herum, sein kleiner Bruder,

und jammert.

Sobald ich anderntags

beim Cowboy zuhause bin,

tischt er mir schon wieder seine genialen Ideen auf,

die weder schmecken noch überzeugen

im nahegelegenen Saloon wird geschossen,

dann flüchte ich –

mitten im Corral seh' ich die Viecher,

die verrücktspielen …

der General Store in Sichtweite

is closed

K.

Nun, kennt ihn jeder wirklich?
Es wäre möglich, ach nein,
eine Übertreibung –
K.

Tritt als historische Persönlichkeit
immer noch auf und
scheint den Ewigkeitsbonus
zu haben

Als würde er noch schreiben
und veröffentlichen.
In meinem, in dem anderer,
Bewusstsein kurvt er dauernd

Nicht wegzudenken ist K.
Der K.!
Überall nur K.
Kafka

Lieber Arno, Arno lieber

Immer Arbeit

auf dem Land

das Schreiben

Im HolzHAUS

Litera

Arno dachte,

schrieb

wusste weiß:

Lebt noch.

Feststellung:

Gelöscht wird er nicht!

Gelaber, Gezeter anderer,

die immer alles besser wussten

immer Inkompetenz

in der Stadt.

Natur und Geist in

Strömungen.

Wörter zählen!

Bezüglich Sartre

Einstmals, als das Buch des großen Ekels gelesen
wurde, was immer wieder für die Leser erschöpfend
viele Fragen aufwarf, welche wohl viele Zeitgenossen
mitnahmen ins Reich der Dunkelheit, die die ganze
Gesellschaft durchdrang, besonders den einen Leser
mitnahm, ja mitriss,

der Inhalte brauchte und suchte –
gerade auch Gegebenes leerte –
alle lächerlichen Sinn-Tümpel und die
Kloaken des trivialen Seins

der neue Inhalte in sich einbaute,
sinnhaltig weiterentwickelte,
kreativ - und als Verneinung des Gegebenen,
eine solche kaum besser Mögliche, ha

zuerst also die Zerstörung in sich selbst:
alle Wände – alle Mauern – alle Böden und Decken,
mutig anstürmend gegen die Realitäten,
ganz konkrete, tatsächliche

Mit Goethe

Nun ja, als könnte das ein Grund zum dichten sein:
Der Feen und Hexen Rückkehr wird erwartet,
nicht im Augenblick, doch bald.
Auf dem Brocken oder wo.
In tiefen Wäldern, zwischen Buchen und Eschen
Auch auf den bewaldeten Hügeln dieser Gegend
und wohl im Palast der Sinne eines Goethe, der
die Frauen liebte – und sich selbst –
ein Freund des Verstandes und der Politik.
Mensch, längst verloren an die Forschung der Nachfol-
gegenerationen, –
dessen spießiges Leben für die Bürger
wichtig zu sein schien,
es noch ist,
aber immerhin dichtete er den Faust,
dieses Drama zwischen Gut und Böse

das Subjektive, eine Kraft an sich, dehnt sich aus,
die Mächte sind im Krieg, ein Grollen und Wollen

Porträt des Hartlieb, Literaturfachmann

Na –
Da –
Im Moment
Wird Gott gefeiert,
Genau hinhören, bitte!
Es ist unser Hartlieb, der
Alle liebt, durch sein Tun täuscht
Und trotzdem beliebt
Ist
Oder auch nicht.
Ihn kennen alle!

Er ist der Eigensinnige
Kommunikative
Allen, fast allen Bekannte.
Schnell im Denken
Und Handeln - einfach umtriebig
Und locker im persönlichen Umgang

bei religiöser Toleranz
und politischer auch: äußerst sich sicher
immer klar und verbindlich
ohne Parteiposition, clever formulierend
und eloquent,
trotz höheren Alters.

Er ist heute unter seinen Wörtern begraben
In ihnen lebendig, immer wieder
Aufschießend
Ins Bewusstsein anderer
Ihr literarisches Leben
Schöne Zeit

Lieb, hart ...

kommt entschlossen herein,
Lächelnd
Und erste Grüße versendend. Lässt sich nieder, redet
Offen und direkt
Gibt sich selbst zum Besten, sofort
Gegenüber seinen Liebsten
Gegenüber denen, die er weniger mag
Ist hundertprozentig präsent, trotz Lebensalters
Trotz Schwächen.
Man nimmt ihn ernst
Und akzeptiert, dass er nicht so ist wie die anderen,
obzwar er das nicht zugibt, ja niemals zugeben würde,
weil er stets der Taktiker ist und keine Chance auslässt,
seinen Einfluss auszuüben.

Guckt von der Seite
Lacht schnell auf, blendet ab
Guckt nach vorne in Richtung Referent:
Sehr, sehr interessiert!

Alle hassen ihn alle lieben ihn

Der schreibende Fleischer

Fleischer Rauschebart

Nicht Rübezahl.

Ohne Keule, aber mit dem Wort

Wie eine Keule.

Einer der vermeintlichen Wahrheiten

Besonders der der Liebe.

Und so weiter!

Redeschwall immer wieder

Immer wieder Wörter.

Gedanken nehmen Hürden,

aber es geht

unter ihnen her.

Rauschebart, braun, ein Fleischer:

Oft unterwegs,

Ein Mensch, ein Hausspezialist,

Ratgeber der Menschheit!

Wohlan! Nie ruhig nie gemäßigt nie wortlos.

Kontakter, rastlos!

Ist er nicht phänomenal!?

Ein Kontakter-Schriftsteller der edlen Sorte

Dr. Plaettl

Dr.
In mir angekommen
Versprochen!
Hieß es
Gut so!
Hieß es auch.

Sie zeigte
Von sich selbst viel

Kritisierte Publizisten, Linke, Gauner.
Setzte mir die Krone auf

Dr. Plaettl
War besonders wichtig
Elementar, weit vorausschauend.
Fast schon geniale
Verlegerin.
Mensch nicht(つ.‘ ◡ ‘.)つ

Aber doch die coole Superlady auf dem Besen
Und aus Oxford

Einzigartig und Supervisory Officer
Aller Gedankenträger der Erde

Wege auch zurück
Ruckzuck
Wegen Nichtantwortens –
Für Abbrüche und Einbrüche!
Gegen Langsamgehen
Und die Torheiten,

Inkl. Naivität des Erfolgreichseinwollens
(☞ ͡° ͜ʖ ͡°)☞ Tschüss Plaettl

Klassik contra Literatur

Brauche ein Quartett, keinen Text.
Eines zum Mitspielen, statt
Nur zu lesen
Aus dem eigenen Buch, eh

Wiege mich gern
In der Musik
Und sehe zufriedene Gesichter.
Statt gedanklich zu quälen

mit vermeintlich genialen
Sätzen
Bildern
Dargereicht den paar Leuten.

Sobald der Opa mit den Streichern
Gekommen sein wird,
Dann wird die Stimmung geglättet.
Denn alle hören wirklich zu!

Ach nein, ein Cello wird es sein
Zur Belustigung der Kirchgänger,
Ein einziges. Ein einziger Herr. Ein
Stück passend zur Sommerzeit

Sitzen schon
Auf den Stühlchen vor Miks
Und lächeln ob
Des Sieges der Musik-Klassik über die Literaturmoderne

AltautorInnen

„Wohlan!" Ein freundliches Lächeln zur Begrüßung darf

nicht fehlen,

AltautorInnen – alterfahren, altbekannt, alt-unberühmt,

aber im gegebenen Rahmen

VORHANDEN

KAUM VORHANDEN der Erfolg, doch das macht nichts,

oder jedenfalls nicht viel aus.

Irgendwie ja immer am Drücker

kommt und geht, ist ein Kopf (oh ja!)

breitet Gedanken (immerhin) aus,

aus des Kopfes Löchern dampft es

und -Geist- ist offenbar in ständiger Auflösung …

des Misserfolgs teilhaftig!

Fürwahr der Wirkung

einer permanenten Wirkungslosigkeit sicher –

So ist das; so

bleibt das auch:

Freude am Reden und Lesen,

am freundlichen Applaus! Einfach Mitwirken-

de/Mitwirkender

mit Publikationen über die engsten Kreise hinaus,

die wirklich keiner kennt oder zumindest kaum einer,

hundertprozentig sicher ist das nicht,

es wird das auch nie sein;

die Rückmeldungen der Verlage spärlich,

mancher lässt sie ganz sein

gerechnet wird mit nichts,

aus nichts entsteht ja schließlich auch nichts,

weshalb nichts zum Superproduktionserfolg

wird: „Nichts!" lautet der Titel des

Letztlings

In einer suizidalen Gefährdungssituation

Physio

Mit der Physio im Gespräch,

liegend

und ganz beredt das Persönliche

austauschend,

Als wäre es das Wichtigste, Atemberaubendste

in quirliger Manier,

gebeugt über die Extremität,

Als könnte alles über die Kabine

hinaus sich entwickeln können:

Treffen, Reden, Entscheiden, Machen

Sie entwirft, zeichnet, malt am PC.

Sie stellt sich dar,

ganz routiniert und deutlich

Sie könnte auch Buchillustrationen …

Könnte sogar … vieles mehr …!

Besondere Physio, kann man wohl sagen.

Kreativität

rauscht durch alle und alles

und bewirkt im Geiste Neues.

Doch bei ihr muss es sich rechnen

VOR PUBLIKUM

Letzte Szene

Kultur hat ausgedient:

Scherben liegen auf der Straße

Nackte Wut brach aus

Nichts blieb so, wie es war

Schäbige Charaktere stürzten

Ideen, Werte und Dinge

In den Dreck.

Aber Du willst ja verstehen

Dich erfreuen an der Ratio

Gehen mit Deinem Geist

Nicht mit der Gewalt

Bühnenkünstler

Dieses Künstlertum ist nichts,
dem man nacheifern sollte
es gelingt nur Wenigen, es gut auszuleben,
sogar davon zu leben

—   alldieweil aus dem Kern des Daseins
das Schöne und Unterhaltsame,
aber auch das Hässliche und Unterhaltsame

gezogen wird – als Lebenssinn?

AKT IM LEEREN RAUM

Leben

Kein

Theater –

Sterben

Als

Letzter

AKT IM LEEREN RAUM

genießt es!

guckt und hört – lasst es euch zeigen, genießt das
Spiel, ja wollt es weiter sehen und hören, genießt wirk-
lich …

bleibt dort, wo ihr seid, sitzen und kommt nicht auf die
schräge Idee, zur Bühne zu stürzen, denn die ist der
Hort der Kunst in diesen Minuten der Darbietung – !

vorzeitig das Theater zu verlassen, das wäre eine
Schande, ehrlich!

in euch findet dasselbe statt wie auf der Bühne. Oder?

DiRhitmo, Gruppe

Haben uns an einem
Regnerischen Nachmittag
Zuhause bei G. R. einfach kennengelernt
Und einander sofort vertraut
Beim Austausch von kulturellen Inhalten
Zusammengetan!
Freundlich und mit Perspektive!

Schon spielend mit Kontrabass und Trommel:
Literatur im Hinterkopf, gegen die Zeit –
festhaltend, was ist
was sein soll
und was sein darf!
Projekte kann man entwerfen
und umsetzen

Angezeigt wird ...

ah. wunder. lich. hier im heute.

doch bald im bunten möglichen morgen.

gestorben ist er kürzlich

betrauert in dieser stadt, kaum vorhanden in anderen

dachte vorher nie an ihn ...

Szenarium

Kamera auf!

Bricht nach unten durch,

stürzt ins Leben in den Tod

irgendwohin.

Wir sehen nichts und niemanden mehr!

Und sei es auch dieses

angebliche Schöpfer-Leben, das

im geistigen Wildwuchs

beheimatet -

ja, fast Dschungel, kein Menschliches:

oberflächlich, beinahe leer

und gemein und eben, dumm.

Inhaltslos, sinnlos, zwecklos -

auf der Bühne,

die das Leben sei

theater; sinne

a
im kleinen haus
angekommen. jetzt neugierig.
im foyer war es zu warm,
voller leute.
schon heraus, ganz flott
über die straße!
leute starren dich an,
du kannst nicht mehr.
dein gesicht kennt wohl jeder,
fast jeder
hasst dich?
theater
ist aus, leben auch, es dämmert
ständig!
kaum auszuhalten das ganze!

b
auf der spur
nicht daneben
durch die city:
eilends, akt in der hand
kein längeres verweilen
möglich.
flughafen der sinne stört
filme im kopf, leinwandmythos
neben der spur!

Mittelpunkt des Interesses

Im Foyer des Theaters
Wird gerade gelesen,
Gäste sind
Neugierig und freuen sich,
Sind offen und auch kritisch –
Wollen genießen:

Im Mittelpunkt des Interesses
Sind sie ja
Stehen für das, was getan wird
Warum überhaupt ein Ereignis ist,
Denn kein Ereignis ohne Teilnahme
Sie begründet alles –
Gelesen wird mit Verve
Und Sinn für die, die dort sitzen
Und stehen
Mit Liebe und Hingabe
An das Werk – und die Akteure –

Literaten, Bildermacher und Musiker –
Es wird Applaus erhofft –
Ereignisse
werden (für sie)
produziert

vorm saal, im saal

Wo ist die bühne?

Zu sehen die leute,

sind eingetroffen, alle in dunkelblau, schwarz, grau und

…

geist an der garderobe abgegeben, denn

die erwartungen sind groß –

die innere leere ebenso.

gepflegter small talk, freundliches lächeln,

die erwartung wird hochgeschraubt.

Manche

geben sich die ehre, die hände und

pudern sich das näschen,

alsdann der letzte toilettengang

ganz hurtig.

Hinter den kulissen tobt der bär,

konzentration wird bemüht, die routinen,

die notwendigen

alles muss im zeitplan liegen

und die player die ruhe bewahren!

Als es losgegangen ist, sitzen sie.

Als der vorhang hochgegangen ist, flüstern sie.

Aufmerksamkeit!

PLAYER wie auf der rakete des erfolgswahns,

wie im dschungel von worten und gefühlen,

ohne innere einkehr

oder die geschickte ausweidung des problematischen

mit wenigen griffen.

Spiel der wahrheit

im sog des unterhalten-müssens

immer wieder, immer wieder

rauscht es im publikum,

bemerkungen huschen zwischen den

sitzen umher

es wird zugehört, weggehört und gar nichts gehört;

gesehen, weggesehen und gar nichts gesehen!

schon wieder ein versuch

könnte noch viele geben

im spiegel zu erkennen

die fratze, die verhasst

Veranstaltet

wird etwas, wir
Gucken hin
Hören sogar
Auf der Bühne stehen welche.
Es wird gelesen.
Öffentlichkeit erzeugt!
Aufmerksamkeit für das Denken weniger!

Veranstaltet
Und gezeigt werden letztlich
Kreative Gedanken einzelner.
Kommuniziert durch die Show
Unmittelbar
Durch das gesprochene Wort,
es sind geschliffene Sätze.

Dafür gibt es kein Geld,
haben wir gehört

Literarisch zu lesen

ist öffentlich gelegentlich erwünscht,
nur der Star darf sich
öfter zeigen – Allüren aufweisen,
sich gebärden wie ein Narr,
als hätte er Substanz –
als hätte er Wichtiges zu sagen

klar, keiner ist je fehlerfrei,
gelesen wird vor allen, die gekommen
Fehler dürfen sich aber nicht häufen,
sonst wird man vorgeführt
prügeln werden sie einen, heruntermachen
und in den Dreck ziehen, so dass sofort nie mehr
Interesse bestehen wird!

Größtes Geschick ist gefragt.
Eine Show muss gelingen
und Begeisterung auslösen – eingenebelt werden sie,
ausgehebelt ihre Vernunft
die Abgefeimtesten kommen nicht zu Wort,
Clevere dürfen sprechen, doch nur leise.

Im bild

Ein ... Foto

Im Moment
Foto ... in dem einen Moment
Ein einziges Foto
Für alle und für immer
Ein ... Foto:
Gut, besser, am besten
Treffliches Gelingen, Kunst
Oder Kunst
Im Jetzt, niemals nirgends
Immer am rechten
Ort:
Hier, Apparat
Teil des Körpers
Hier, Augen
Teile des Apparates
Alles ist verapparatet
Und gleichsam frei
Verbunden mit den Dingen
Aufgehend in ihnen, als Wahrheit
Im Produkt
Im eigenen Körper, in fremden Körpern
Den Dingen in mir, Dir, in Euch
Moment der Wahrheit
Oder der Lüge.
Das kann
Nie gut gehen
Das kann
Immer falsch laufen
Überall jederzeit

Stativ

A - nun

Stativ ist hingestellt, Ideen platziert

und nun aber

wird die Kamera

bedient werden

auf das der Teufel, Teuerster

komme, im

Gehirn hast du ihn schon lange

beim Auslösen wird er assistieren

im nu

raus ins Leben

in deinen Körper zur schöpferischen Umsetzung.

Zwecks Umfeld-Kontrolle und

Prüfung der Realität auf Wahrheit hin,

Befragung der Menschen und Tiere,

der Welt der Kinder und Lurche –

B?!

ach wo ist dies

Kapitel der kreativen Verwunderung,

sobald Fotos existieren wie die Fotografierten

alle diese Objekte des Tages und der Nacht.

Irgendwo, nirgends,

in der Fantasie

als irrationaler Restbestand, objekthaft gegeben …

Wolken ziehen,

im Bauch liegt die sichere Höhle kreativer

Verwunderung!

…

wohl auch in einem gigantischen Buch

als Zeugnis vieler einander widerstrebender

Gefühle und Vorstellungen.

So gewaltig, so prächtig, auch unwirklich!

Oder doch bloß in deinem Gehirn, diesem

seit Jahren in Zersetzung befindlichen,

serviert auf dem Silbertablett, mithin

gearschfeigt im willihaften Garnichts der

Pseudo-Kriechtiere als Menschen

einem eher unglaublichen, als unrealistisch

empfundenen

Unwahren im Wahrsten, alsbald entschlossen

zerknüllt und dann eigenhändig zerrissen

das Konvolut der dokumentierenden Fotos

Knipsen

Knips die welt, rasch

Mit deinem dingsda

Immer dabei, ganz handlich

Blitzschnell in der handhabung

Überall, in jeder körperhaltung, also

Sitzend, stehend, liegend, rennend laufend gehend

Es geht, was geht

Mitternachts wie mittags, bergabwärts

Oder auch aufwärts

In Büschen, auf Bürgersteigen, in Höhlen,

vom Jetplane aus, Wolken erfassend

Gedanken ausdrückend

Real bleibt real

Oder, besser: real bleibt irreal, irreal ist einfach alles,

denn nichts ist wirklich wirklich

Egal! Hauptsache schnell und unmittelbar

Abbildung des Vorhandenen

Vor Augen

Mit einem Schuss Lüge durch das Auslösen

Klick, klick, klick

Als ein Knipser

in der Kunst, wenn einer einfach so daherkommt … ?
Mit Absichten
Einfacher Technik
Oder komplizierter
Jedenfalls Kunst im Kalkül, also
Engagiert und gefühlsstark
Dinge und Tiere und Menschen
Ablichten, das erfreut
Und enttäuscht
Lässt das Selbstbewusstsein erstarken,
Das Mittelmaß vergessen:
Es geht um den eigenen Ausdruck

romantik

hab' Erinnerungen

will sie nicht schmähen, sie sind so nett

solche nämlich, die alles von damals romantisch

erscheinen lassen

auf alten Fotos

es gab ja auch wirklich eine Kindheit und Jugend

Toto Foto

Es ist
Abzudrücken, zügig
Dann wird es etwas werden,
Technisch bedingt
Mit konkreten Vorstellungen – es schließt sich die
Bearbeitung an

Es ist
Aufgenommen und die Freude ist,
Es ist von innen gekommen,
Um das Außen der Welt wahrzunehmen, damit es
Aufgenommen werden kann!
Es ist!

Das kann jeder?
Jeder kann das eben nicht,
Weil das richtige Wollen und die Ideen, auch Konzepte
Nötig sind.
Mit dem passenden Technikverständnis

Angefertigt
das einzelne Foto
digital im schnellen Prozess:
draufgedrückt und schon ist es „im Kasten"?
?!

Bild erschaffen

Mit Pinsel
Mit Hand
Stift –
Fragen nicht stellend –

Farbig auftragend –
Gestaltwerdung sofort
Vielleicht etwas später
Manuell verändernd
Geistig Entworfenes
In Sekunden

Alles heimlich, mit
Auftrag für Auftrag
Strich für Strich:
Es wird im Werden
Kontinuierlich, falls es
Entwickelt werden muss.

Schaffensfeld!
Nichts für jeden, für mich   mit Hand, mit Pinsel und
Stift

Lebe

Lebe

Habe Stapel
Stapel mit Bildern, Regale, Schränke voll
und suche stets ausdauernd –
als Gast in mir selber –
schöpferisch den Geist der Freiheit in ihnen,
zudem anderswo, weltweit, in allen
Innenräumen/Außenräumen – schnell!
Im Werk, welches besitzt wird,
liegt etwas ganz Eigenes, Selbstgeschaffenes,
so äußert sich das Wesen
der Charakter
die Persönlichkeit
das Leben / Ist das so?

Boden/
Weiter geht's

Habe gesehen …
dort, auf dem Boden,
liegt der Zirkel.
Heute, in der Nacht,
wird weiter gemalt!
Fenster sperrangelweit auf:
Und ein
toter Körper
vor dem Baum.
Aber eine
Drohne stört
die Ruhe!
Abgründiges
Denken und Fühlen
funktionieren, weil das Versagen …
weil alles ausströmt
gegen die Finsternis im Hirn;
überall, nirgends ,,,

Habe gedacht, es würde
noch gehen, fühlte einst alles,
sog Eindrücke auf,
dann spie ich sie aus!
Das Zündeln
reichte aus:
Die Bilder gingen lichterloh auf.

Gern darzustellen ist: Ekel

Mit dem Pinsel

Auf die Leinwand, hurtig

Und wild INNEN AUßEN

Ein durchbrechen der oberflächen

Gefühlsecht, gedankenstark!

Heißer speer in den nacken

Eiskalte sprache, fast tot, im

Meer der lügen.

Mit dem Pinsel

Das leben auf die leinwand!

Dies sollen Sie wissen:

Mein ekel ist kein lebensekel,

Rührt von anderem her,

Sind da doch keine menschen.

Zu sehen nur gestalten,

Die keiner kennt,

Keiner kennen sollte, sie sind nur DIE DA

DIE DA stören

Sind der ekel per se

Durch und durch

Ohne jeden sinn

Ohne inneres leben

Ihre gesichter hässlich

Und ihre humanität vorgetäuscht

Sprechen wie narren

Lieben wie huren

Denken und fühlen lasterhaft

Lästern über andere, andere

Verachten sie.

Ihr verhalten ist gemein.

Ende der kultur

Ende der menschheit

Ende von allem?

Unter

dem Schrank

gemalte und gezeichnete Bilder

ruhend bis ins kommende Jahrtausend,

dann werden sie gehoben und vielleicht

verbreitet

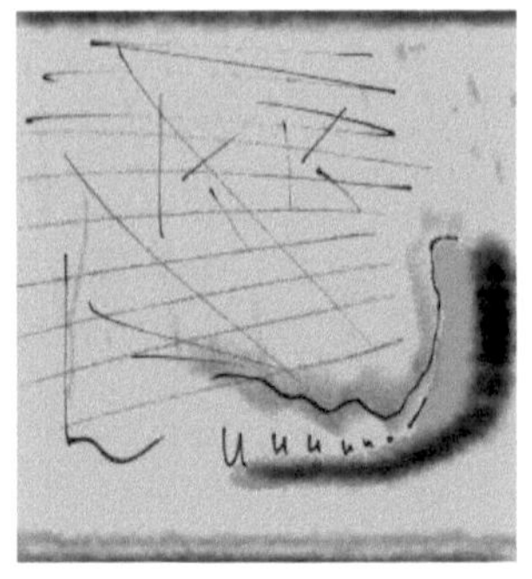

SCHATTEN

So so, dagegen

Maskiert

In der verhassten Gesellschaft.

Ausufernd die Fantasien

Ohne jede Grenze gegen die

Macht der grauen Vielen,

Die glauben, sie wären besser.

#

Da wird gehasst, auf Teufel komm

Mit mir, bitte sehr

Wird fantasiert, niedergerungen der Widerstand

Geschossen, wenn es geht

Auf die Verteidiger der NormWelt

Mit dem, was unsinnig ist

Mit dem, was zerstört gehört

Mit dem, was keiner wirklich braucht,

Doch viele meinen, sie bräuchten es!

Obsiegen wird auf alle Fälle der Hass!

#

Demaskiert

Werden sie noch alle,

könnt es annehmen.

Mehr als jede Hypothese

Hat es einen Wert,

Alles herunterzureißen

#

Nicht auf der Straße,

vielmehr in den Hirnen

Nicht gnadenlos, rücksichtslos,

sondern mit Ratio und Toleranz

in kürzerer Zeit

mit klugen Maßnahmen

in Kultur und Wissenschaft.

Das

verspricht

Erfolg

Akte der kreativen Ratio

He, Kunst
in Dir, mit Dir
muss man vernünftig organisieren
als auch
logisch operieren, schnell!
Opponieren gegen Dummheiten –
im Park zwischen Blumenbeeten
und … Bänken in der Nacht

Es gehen hier ja Menschen,
rauchen, rufen fröhlich
in diese Nacht hinein.
Es unterhalten sich solche,
diskutieren über Kunstfragen
und das Überleben des kreativen Selbstseins
inmitten des Wirtschaftslebens.
Ist das alles aussichtsreich?

Figur, die ich bin

Du gestaltest mich

Als Zeuge des Geschehens

Wissend, ich sei böse

Du machst mich …

Aus mir die Figur, dies

Zügig in der S C Hattensphäre

Ohne ohne ohne vieles

Pendele, wandle, trudele –

Hoffe doch, Wenden anpeilend.

Ach, Jahre im Container prägten

Jeden, auch mich

Jahre der Niedrigkeit, lutsche

Knochen

Gräten, wahrlich

Spreize mich gegen den

Sun King

Lache ihn aus!

Eins **bin** ich

Zwei zudem

Drei, wenn ich es will, ha

Zähle meine Viren,

Ich Röntgen-Prof

Zumutung für die Nation.

Wäre ich doch kulturbanausisch!

Nur keiner mit Anspruch, sondern

Miesepetrig, Zahlen-Profi, Rübenzähler, ha

Glaube, dass ich eine gute Figur bin

Gar menschlich

Nicht etwa leer oder hohl oder –

Mich füllt KI aus.

Liebe meine Traumata

Lebe sie stets mit Gedanken

Sogar diesen!

Und ich fühle Selbstliebe

Und die zu anderen

Öffentlichkeit im Bewusstsein

Psychonormal zwischen zwei
Situationen
Kommt ein Gedanke
Kaffee schlürfend
Gold schürfen wollend
Geht Diggi zur Ader
Hat ja einen Claim
Summt ihre Anthems
Und siebt tüchtig
Stundenlang
Gefühllos
Weiter und weiter
Abnorm abartig abgefuckt
Das

Das ist gut
Besser ginge es kaum,
So dass er erschöpft
Zur Seite weg sinkt
Auf seinem Liegesofa
Und Gedichte memoriert,
In schönsten Erinnerungen
Schwelgend, um
Seine Welt neu zu erfinden.
Will, muss Eindrücke tanken.
Das ist gut!
Springt auf sein Trampolin,
Grinst feist in den Wandspiegel
Gegenüber –
Als ein Thema für sich selbst:
Öffentlichkeit im Bewusstsein –

Ist

Existieren als Schattengewächs
und so tun, als gäbe es einen

in leichten Konturen noch erkennbar
bei genauem Hinsehen

ja, Fragen stellt keiner –
durch den Boden geschlagen,

was gut tut.
Es ist keine neue Zeit erwartbar.

Wen Geschwätz kümmert,
bleibt chancenlos

Welt ist weltlos, die
Tsunamis überwältigen jeden

am Tag wie in der Nacht:
Deutschland geht unter

und mit ihm andere, viele, alle.
Verlegerische Besserwisserei
darf nicht entmutigen –
nicht alle sind so
und Trübsal blasen gilt nicht

Ohne Titel – Gut so!

nur nicht
mitmachen
im Ekel ruht der Sinn
töten ist Freude
im Kampf gegen die Welt
das, nichts anderes
das, das ist Wahrheit

nur nicht
rumhocken
auf dem Rad des Lebens
zu leben ist gut
im Kampf gegen das Böse/Gute
das, alles andere auch
das, das hat Bedeutung

sobald Du vom Schreibtisch aufgestanden bist,
wirst Du untergehen
und dabei laut aufschreien

sobald Du erste Veröffentlichungen hast,
wirst Du Wahrheiten hassen
und abziehen wollen

Ungemach. Ein Titel

Sie sind schon hier, die grauen Wolken
Es hat sich konkret manifestiert
Wird etwas nützen und Gestaltung erleichtern
So manches treibt an, bedeutet
Kreative Anregung

Heute wird nicht auf Pergament geschrieben oder
gemalt!
Es fällt sehr leicht, den Bildschirm zu füllen,
Immer stärker wird auf das Tempo gedrückt!
In diesen Tagen sind graue Wolken aufgezogen,
Aber trotzdem oder gerade deswegen ist man kreativ

Einige Fratzen schwirren, ekelhafte Bilder von damals –
Gewälzt werden Probleme, bald wird der Abgrund
drohen
Was einen unten erwarten wird, das ist ungewiss!

Nicht einmal in Ruhe leben kann man als ..., – die
Menschen (sollen es sein!) bedrängen – die
Anderen sind stets die anderen und verstehen nichts –
die
Vielen unerträglichen Bessermenschen versuchen
zu triumphieren – die
Stimmung wird schlechter – die
Lage brenzlig – all die
Kleingehaltenen, Niedrigen, Unwichtigen führen
Grabenkriege

Prosalyrisch dargestelltes

Inferno der Zerstörung der Literatur

Nach Jahren des Durch-den-Kakao-Ziehens
Kaum zu glauben, es ist aber wahr:
Der Geist der Humanität soll verschwinden –
Wo sind die Bücher?
Die fröhlich-geistreiche Heiterkeit ist jetzt schon
Nicht mehr
Gräber wurden ausgehoben, ganz tief, weit weg,
bewusstseinsfern allemal –
All die Bücher werden dort hin verbracht,
Ob das die AutorInnen und all die Freunde der Literatur
so wollen oder nicht
Versenkt in die Erde – , der AutorInnen Wirken, auch
ihre Einflussnahmen, sind bis auf Weiteres,
So wurde staatsseits verkündet, durchaus unerwünscht
Beauftragt wurde die Intellektuellen-Polizei damit,
diesen sehr schweren Auftrag auszuführen
Demonstrationen werden erwartet,
doch diese werden eingehegt,
wenn nicht sogar aufgelöst.
Es wird für Jahrzehnte die geistige Leere herrschen!

Natürlich:
Die AutorInnen-Gilde hat sich zu Wort gemeldet
und auf allen medialen Ebenen
und in allen medialen Kanälen Meinungsbildung
betrieben:
dahin dürfe es nicht kommen, bitte sehr
Jedoch hat diese Demonstrationswelle,
gerade in den sozialen Medien,
nicht lange gewährt
… aus und vorbei …
Natürlich!

Sie unbekannter Autor

„Ich kenne sie nicht

Wer sind sie?

Gucken sie nicht so schräg!

Würden sie mir das endlich sagen!?

Ein Gesicht aus den Medien?

Ein Mensch oder Tier?

Sind sie etwa bekannt oder sogar berühmt?

Wirklich, kenne sie nicht!

Sind sie ein Narr,

der irgendwelche Bücher schreibt?

Den Verdacht hege ich

Solche, die keiner braucht und lesen will?

Das ist schlimm!

Sie, lieber Mann, kenne ich gewiss nicht!

Und ich will sie auch nicht kennenlernen!

Laufen sie mir nicht nach! Rufen sie mich bloß nicht an!

Bleiben sie, wo sie sind, sonst werde ich gegen sie

Maßnahmen ergreifen!

Wollen sie mich belästigen?!

Niemals, unter keinen Umständen, werde ich sie sehen,

geschweige denn anerkennen und respektieren!

Verschwinden Sie gefälligst, auf der Stelle!"

Weiter

Ein längeres Ausharren auf der Stelle
Im Eckchen
Ein Abwarten und Grübeln
Wird es kaum geben
Dafür gibt es keine Gründe,
Keine erkennbaren.
Werden weitermachen
Alles versuchen
Mitwirken, schreiben und auftreten
Die Zeit nutzen, die uns bleibt
Alles Mögliche versuchen, ja!

Die bekannte Insel im Norden wäre interessant

ein kleines Riet-Haus dort

könnte bezogen werden –

Lebensidylle für das kreative Tun

in genügsamer Zweisamkeit

und ein dörfliches Kulturleben

mit Thea, der Katze

als auch mit unserem freundlichen Otto, dem Kater

dazu käme dann ja wohl noch Isabella, die

in diesem Moment

angesichts der vielfältigen Möglichkeiten

des Strandlebens

im Korb sitzen zu können

dabei huldigend dem Bau von Sandburgen

zumal Beach Volleyball Matches und Bikini Girls

am Jauchzen ist

Held der Dichter

1
Erfolg in der Literatur?
Eigentlich nicht, also
Wer kommt, geht auch
Wieder schnell
Standing oft zu gering, daher zweifelhaft,
Karriereende sogleich prophezeit.
Wer im Mittelpunkt steht,
erfährt gewaltigen Druck
Erwartungen an das Verhalten
Sind deutlich zu groß
Viel Kritik erfolgt in Wellen
Wellen der Negativgefühle
Lassen schaudern.
Es ergraut der Literat
Mit zitternden Lippen
Bei surrenden Kameras
In Null Komma nichts.
Fast alles wird in Frage gestellt
Ist er fähig? Wird er den Anforderungen gerecht?
Die Maskenwechsel erfolgen schnell,
das Geld ist am wichtigsten
Menschlichkeit zählt kaum
Auch wenn anderes gesagt wird,
Lügen dominieren
Jedes Wort liegt auf der Goldwaage
Mensch
Ist sein eigener Schatten

2
TROTZDEM
Das Zusammen
Wird geprobt
Im stillen Raum
Vorhanden: Zwei
Wer weiß wie viele wirklich?
In Nebeln Verborgene?
Es gilt, nachzuzählen
Eilig und penibel
Menschen vorhanden: ja doch!
Doch die Zweifel an ihnen ebenso,
immer wieder und für immer
wird vermutet

3
Eng beieinander
Im geistigen Austausch
Nicht bloß auf elektronischen Wegen
Rückenschmerz … und
alles ist als Übung zu verstehen
sich zu konzentrieren
interessiert zuzuhören
Aufmerksamkeit zu entwickeln

Wird das Licht der Erkenntnis
einen durchdringen, gar erfüllen
und Sinn schenken?

2

Natur

gewalten

gestalten

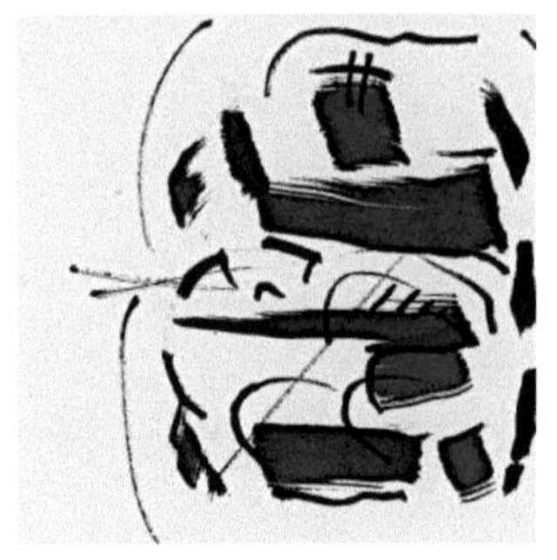

GEDANKEN, BLASEN

Ärger?

Er ist angeblich etwas Alltägliches, es liege an den

widerstreitenden Interessen, an entgegengesetzten

Meinungen, die Konflikte auslösen –

doch Menschen mit dem Drang zur Harmonie können

ihn zu vermeiden versuchen oder zumindest

ganz klein zu halten

Wunder gibt es keine, bloß praktische und theoretische
Fragestellungen, wie und wofür Leben da sein soll,
besonders dann, wenn es um die Erhaltung desselben
geht, weshalb klar wird:

ein großes Ärgernis ist die Normalität, in der wir
dümpeln, weil wir nicht recht radikal sein dürfen
... sollen ... müssen ...

Wegen unserer konkret-tatsächlichen Lebensbedingungen
können wir noch leben –
wären wir auf uns allein gestellt in einem Dschungel oder in
einer anderen unwirtlichen Gegend, müssten wir den Ärger,
der kommt, allein herunterschlucken –
oder ganz unmittelbar und sich gegenseitig verstehend mit
den Tieren kommunizieren, was aber möglicherweise gut täte.

Was einem einfällt, um Mitmenschen zu tyrannisieren oder zu
terrorisieren, zum Beispiel durch das Verursachen von
Ärgernissen, sorgt beim betroffenen Mitmenschen als einem
Opfer für mehr als Stirnrunzeln, sogar oft für entschiedene
Gegenwehr. Wolken ziehen nicht nur über einen hinweg,
sondern auch durch einen hindurch, weshalb die Vermutung

angebracht ist, die Fantasie ist ein Ärgernis, was darin be-
steht, dass ein Mensch sich in sich selbst verliert – und dies
sei wohl auch noch gut …

„Ach so," wird bisweilen gesagt:

Wo sind denn jetzt die Problemlösungen, die wir brauchen,

damit unsere Zivilisation weiter existiert, ohne dass Menschen

sich in der Evolution der Erde zu Delphinen entwickeln

müssen, damit überhaupt noch so etwas wie Intelligenz

überleben kann?

Auf!

Gezeugt, im Körper hochgekommen

Allmählich entwickelt, stößt es heraus

Ins LICHT

Geburt und weiter

Gerade geboren, schon aufgebrochen zu …
die Instinkte dominieren stark
(man fühlt, es klappt, denn es lebt in einem und will
einfach heraus)
und erste Wahrnehmungen erfordern das Erlernen der
nötigsten Fertigkeiten.
Noch keine Ahnung zu was, wohin genau es geht

Jedenfalls: es wächst ein Jemand heran,
Identität bildet sich aus (man findet sich allmählich
selbst),
dieser Jemand sieht Ursachen und Wirkungen
will bedeuten und andere anweisen
sich selbst zur Geltung kommen sehen

und haben haben haben, statt sein, obzwar
dass Sein wünschenswert wäre!
Gut, es wird gesehen
und man wird gesehen.
„Hallo, Du!"

Nun, es gilt, Mensch zu werden:
Vollgültig, vollwertig, vollendet (!?) –
Also Fahrt in Richtung Menschsein, angezielt das
dauerhafte Vorwärts mit
…
Einem Immer-mehr-können
Besser und besser, Gestalt nehmend die Persönlichkeit
Beherrschen und Gestalten der Umwelt –
Letztlich wird klar, es gibt so schnell kein Ende,
aber eines, das in Aussicht ist –

Ein Schatten von früher

wenigstens
ein Mal richtig in den Spiegel blicken
sodann der Gesichter
der Unsichtbaren im permanenten Off
gewahr, ihrer Allmacht
und doch auch Dummheit
wie sich ihr Atem spiegelt
nicht nur im Gehörgang, dort
exorbitante Schmähungen und Verweise
und Sprüche, scheinbar wahrheitsbegründend
dabei eben nur Wörter um Wörter
leer und somit sinnlos.
Wenigstens ein einziges Mal im Spiegel
gegenüber!

sie sind, obzwar sie nicht sind
ihnen kommt die Bedeutung der
inneren und äußeren Leere zu –
wer ihnen das Objekt ist, ist verloren
kann selber nicht sein
noch werden .
ein Wesen im unsichtbaren Käfig,
verzweifelt, ausgezogen bis auf
die innersten eigenen Wesenheiten,
manipulierter Mensch, kein Mensch mehr,
auf der ewig langen Bank vor diesem Spiegel
hockend .
Selber nur noch entselbstet
ein Schatten von früher

Eine Offenheit

A
Gibt es ein Ende von allem?
Das Universum weitet sich aus,
aber nicht ohne Grenze,
denn es gibt das Ende
mit Schrecken!
Kurz: „Bang!", alles wird verschwinden …

Gerade wird sie gedacht, erfunden,
diese Geschichte,
auch niedergeschrieben.
Morgen wird sie jemand lesen
und verdauen müssen …

Hoho - das Leben des Einzelnen
ist immerhin potenziell offen –
erfunden oder nicht!
Wahrhaft gelebt oder nur
in der Geschichte.

Eine Geschichte, die erfunden ist,
kann frei gestaltet werden!
Das ist Freiheit,
jedenfalls zunächst die des Autors!
Erfundene Geschichte – des Universums?!

Hier ist Offenheit möglich –
schon deswegen, weil bei der

Geschichte mit „offenem Ende"
kein Ende gegeben ist.
Und nur mit dieser Offenheit
das Weitergehen, Entwickeln, Handeln, Werden

möglich ist – als Freiheit
in einem Reich der Möglichkeiten!
Hier ist die Perfektionierung möglicher
als anderswo! So wird Zukunft lebbar –
Wenigstens am Ende einer erfundenen Geschichte
Doch dann kommt der „Bang!"

B
Offen sein und
Bleiben
Ob in der Aludose
Oder auf dem Metropol-Boulevard.
In Geschichten wird es
Dargestellt, erfunden oder nicht
Dazu kommt
Keine Geschichte endet und
immer geht es weiter,
weil das Leben
stets Fortsetzungen erfährt:
Zeit fürs Leben
Auch fürs Streben
NICHT FÜR DAS STERBEN.
ODER DOCH?

Naturverbunden?

Sägen rattern,
wir, ja wir lieben es, praktisch zu sein –
Wald zu ENTFERNEN,
das macht uns zu
Schadensbringern und Naturschändern,
also stinken wir uns vorwärts
mit unseren Industrien –
rücksichtslos, egoistisch Instinkten folgend.
Sägen rattern!
Zu mancher Menschen Ärger
Weil falsche Entscheidungen
Getroffen
Weil richtige Entscheidungen
Vertagt
Weil … noch sind wir auf der Erdoberfläche
Beheimatet, halten durch.
Sobald an der Scheidelinie zum Wahnsinn,
müssen wir Blut saufen
geträufelt aus der angezählten Ewigkeit:
Keine solche ohne Natur
Mit und für den Menschen
Für und mit allem Natürlichen.
Er ist ja doch nicht allein,
verdammt!
HOHO
und lichterloh brennt der Wald,
wird verschluckt.
Skrupel bekommen wir,
suchen nach Schuldigen –
Hilfe ist zu leisten.
Natur ist nicht liebenswert,
aber relevant.
Und wer ein Herz für Menschen hat,

sollte auch eines für die Natur haben!

Oben unten

Es kostet
Will
Das
Lebe es!
Will
Das

Heute und morgen
Bleibt vieles auf der Strecke

Übermorgen existiert auch Heißgeliebtes vermutlich gar nicht mehr, so dass sich Menschen, die Wenigen, mächtig ärgern, nicht nur das, sondern auch verzweifeln werden.

Fragen nach damals nicht gestellten Fragen müssen dann gestellt werden!
Sehr kluge Antworten, so wird man sagen, hätten gegeben werden müssen – auf die wenigen richtig gestellten Fragen!
Was Natur war, wird dann nichts mehr sein, außer dass Natur verändert unterirdisch weitervegetiert. Die Erdoberfläche wird für Menschen und Tiere kaum noch nutzbar, überhaupt nicht bewohnbar sein.

Zeit auf Erden

Im Keller auf leeren Zitronenlimonade-Kästen

Hockend

Auf dem Satteldach mit der Satellitenschüssel

Balancierend, mit Singsang

Gegen die Kirchenglocke

Schlucke ich und meine:

„Gesegnet seien die Tüchtigen!"

Es kann nurmehr der eine Gedanke

Fruchten: NANA

Mit dem Kapital in der Hand

Schlage ich mich durch

Bücherregal-Reihen und Gedankenfluten

Wunder oh Wunder

Hier mit dem Zepter fuchtelnd

Dort gegen alles und alle

Dachte schon immer und, ja

Fühlte schon immer: Ausgenutzt-werden

Abgenutzt-werden.

Schande des Menschseins

Das ist das Unglück, hier sein zu müssen

Ein Glück wäre das Ende

Alt

Ein Empor, dann
Ein Hinab
Vielleicht kein Sturz,
doch zumindest
ein langsames Abwärtsgehen
auf der Kellertreppe –
wiewohl sich mancher ein neues Empor
in den Himmel erhofft
oder?
Naiv sollte man nicht sein,
doch tapfer im Kampf gegen das
Prozessuale im Leben
…

Ist das ein Höhepunkt?
Eh, alt
Schon
Wieder – es macht etwas aus,
Wiederholungen Wiederholungen Wiederholungen:
von Bedeutung, - alles, wirklich alles könnte verschwin-
den,
sollte am besten
zu nichts werden,
sich auflösen
in seine kleinsten Bestandteile!

Bald viel zu eng
„Raumsphäre"

Eng wird es
Immer enger
Kein Gedanke hat noch Raum?
Der Raum, enger
Die Zeit, quälender
Wer, was findet noch Raum?
Findet ihn nicht
Hier nicht, woanders
Zwischen fremden Planeten
In Atmosphären verschieden
Trabanten her! Wenigstens einer!
Die Enge wird unerträglich
Eine einzige Qual
Für den Menschen?
Was soll das?
Sie können nicht
Hier nicht
Wie auch!?
Lese in Büchern
Zerquetscht zu
Nanogroßen, sphärischen
Nichtsobjekten
Die Gedanken Fremder:
Elektroimpulse
Durchrauschen

mich

Raus und weg

- müssen, immer nur müssen

Freiheitsdrang, entstanden:
iLLUSONEn
regieren –
naives Mit-tun hie und da
mit Meinungsäußerungen
und Parteinahme!
Sonst nichts.

wer will unter Druck
stehen
ständig überwacht werden
tun müssen, was andere wollen
unter Befehl stehen
in eine Zwangsjacke gesteckt werden
im Knast sitzen
ein Leben lang bei Papi und Mami
hocken
bis zum letzten Atemzug
Geld verdienen müssen?

- **ein selbstbestimmtes Leben leben!**
- **Notdurft des Gedanklichen. Totalauflösung**

Es musste einfach heraus,
gestoßen werden – vergasen alle,
erst vergast mit gedanklichen Nichtigkeiten, dann
vergessen

und ab ins total Bodenlose im All,
ab in das Black Hole, das wir kennen,
dieses megagefährliche!

Das ist eine Notdurft dieser Art, des Menschen,
er muss sich selbst seine Befreiung denken,
hinein in die Selbstvernichtung,
dies nämlich gezielt ersinnen –
das größtmögliche Chaos hoffend, geradezu gestalten!

Weg ist nicht nur weg,
es muss die Leere sein, die die Fülle ist,
gleichzeitig, nein, Zeit gibt es ja nicht mehr
Weg ist nicht nur weg, sondern total ------
Die, die das initiieren können, brillieren

dann auch mit ihrem Hass
auf die Erde, auf alle Schöpfungen.
Natürlich auch die des Menschen, gerade die!
Bloß nicht blöde leben, es gilt …
veranlassen, regeln (das letzte Regeln!) und abstoßen,
dabei zugucken.

Praktisch: Wechsel auf das individuelle Versagen wer-
den stets eingelöst,
gebrannt wurden Kreise in viele Äcker
dabei Genickbrüche einkalkuliert … ach ja …
Wirbelbrüche beim zu heftigen Zuschlagen der
Kofferraumtür.
Wirklich nicht leben?
Unbegriffen bleibt der Geist, auch in der Natur

Blasen
des Bewusstseins

Für Ruth

In der Blase
Eines literarischen Ich,
Also keines Narren,
Wird wahrgenommen,
dass es Menschen gibt:
In ihren eigenen
Blasen –
Schönen, hässlichen
Guten, schlechten.
Es ist ein Durcheinander
All der vielen Ichs,
Menschen ja -
Auch der Tiere?
Irgendwo, immer hier:
Weiß keiner irgendetwas
Wirklich
Überall, immer hier:
Wissen alle alles
Unwirklich

Zelle:

Lebe

Ja doch

Als Mensch

Und irre

Weil: habe, aber bin nicht -

Changing –

Existiere heute, entfliehe mir morgen

Ärgere

Andere

Stets!

Wäre gern in Wolken

Weit über den subjektiven Blasen

Frei schwebend, kein Vogel

Ein MenschTOOT

Neues Wesen

Mensch, ja?

Schwebe in Auflösung

Und bin

Gelandet in mir, Dir

Natürlich:
Noch am Leben,
reichlich munter
agierend.
Noch gefragt,
ein Bürger unter Bürgern.
Und Körper scheinen auf,
es glitzert gar.
In allen Ecken, jederzeit.
Natürlich
immer wieder bei der Stange,
um kein Wort verlegen,
super gestimmt,
im Pool
der Leidenschaften –
der übertretenen Normen
des Gottes Eros,
deshalb kein Außenseiter
und Verfemter.
Bei den Guten,
Cleveren
Mitwirkenden,
meistens vorneweg.
Wissend, auf welchem der Sättel
man meist richtig sitzt.
Es passt dann ziemlich viel,
wenn nicht alles.
Eine Befriedigung!

Weißt Du noch?

Gestresst im Zwischenraum
des Lebens
und mitten auf der Wiese wird
eine Schaukel aufgebaut,
auf welcher wir sitzen können,
wenn wir wollen.
Über allem der Himmel,
was darüber liegt,
ist die Monsterfrage: ---
Aus Fenstern gucken die Kinder,
harrend des Kommenden, nicht Erwartbaren.
Sie stürzen dann aus den Häusern
in Richtung Wiese.
Verschwunden die Schaukel.
Vergossen viele Tränen: ---
Die Wiese abgesackt,
gestürzt die Kinder ins Schwarz
einer Zeitlosigkeit!
Blühe endlich Leben!
Doch alles fehlt - zu viel wird geredet, auch Falsches.
Rettung her!

Man will dazugehören, mitreden,
Beiträge liefern
und intelligent wirken

Man braucht Anerkennung
Respekt und Zustimmung
zum Projekt ICH

Ein Fantasieraum

A
In der Wohlfühlzeit
Entsteht die Startbahn
Des geistigen Horizonts
Dabei hoch hinaus
mit den Gedanken!
Keine Zeit verlieren,
Weil die Wunder möglich sind …

Was das Gehirn alles schafft … !?
Früchte des Lebens
In Güte und mit Liebe:
Das Lachen hallt nach –
Man lebt so, wie es geht –
Sehr viel ist möglich!
Weil die Menschen möglich sind …

B
Ein Glück!
Fantasie öffnet den Boden,
Wie es ihr öfter gelingt:
Heraus jetzt das fröhliche Bunte
Und es sprießen Blume und Baum empor
Wagen sich himmelhoch
Schlucke, reiße die Kappe herunter
Und greife jetzt nach dem
Bunten, Schönen, Herzlichen
Als die Dame im roten Mantel
Gerufen hat. Sucht das Gespräch

Absicht

Zum Eintippen ins Gedächtnis:
Ein Auswerfen ins Zeitliche der Realität,
Die wenig Gedeihliches bietet –

Mutig denkend,
So auch handelnd:
Es muss nicht alles so weitergehen
Wie bisher,
Denn es kann geschossen werden
Die Rakete ins Glück –
Die KI ermöglicht das!

Ist das nicht unglaublich?
Innen, nicht außen:
Guck' in Dich rein, erinnere und ersinne!

In die Höhle gekrochen
Mit dem Tablet in der Hand
Zeilen aufnehmend.
Treffen uns in der Mitte,
besprechen uns und planen –
und tun etwas zusammen,
dann aber auf Raketenkurs

gen Kamtschatka, wo BRISKIA gegründet
Werden wird.
Staat des kalten Glücks Einzelner: …

Warped

Im Ist
Wird das Wird
Tänzeln
Auf alten Mauern

Erwacht! Ausschau in die Zukunft:
Das Neue ist im Werden.
Registriert!
Auch notiert in die Textdatei –
Bilderrauschen, Wörtersprünge

Ins Unwohlsein.
Augenblicklich
Eingehüllt in Illusionen, dann
Wortlosigkeit.
Hält die einzelnen Wörter fest –
Die keiner Prüfung standhalten!

Sich ausdehnend
Ein Wagnis das Leben
Es wird dünner
Alles vergeht in Schwaden
Braucht bald keine Zeit
Nur noch Raum!
Im Wird ist das Ist gescheitert:

WARPED

Außen

Ein Fels als Tattoo
Auf dem Ellenbogen

Der rote Fleck auf der
Olivgrünen Jeanstasche

Es hat geblutet,
Weder zu lang noch zu kurz

Gucke in dich … bürste dein
Volles braunes Haar
Sehne mich nach mehr, doch
Schlage den Cocker
Mit dem Wutgedanken
Am frühen Abend beim Gries-Brei.
Es schmeckt noch!

Längstens wenige Sekunden
In dich hinein zwecks Checkens,

Aber die Funktion streikt.
Und Lügen werden generiert,

So dass Menschlichkeit kaum noch
Sinngebend sein könnte:

Heute am Rande, vornübergekippt

ABGRUND

Gar nichts

Nichts, gar nichts

Am Anfang ist das Ende

„Weißt du, mir geht es nicht gut!"

NA (C) HT AM RANDE

Aufgerissen, schnell, weggeklappt:

Gott besitzt Dich doch!

Du bist kein Mensch mehr!

(ausgelutscht)

Halte fest, was gekommen ist; sende fort das Eine, das

Unwichtige!

**Innen
hier**

tatsächlich

katastrophal betoniert ins eigene Ich,

spielt, spult sich alles ab, nichts ab
blitzartig zum Höhepunkt, jetzt:
künstlich intelligent.
Gnadenlos: alle
Ohne Inhalt: alles
Keine freundlichen Räume oder Menschen
Nur Leere
Ein großes NurNix

Alles hat sich so ergeben,
Abzweigungen übersehen –
Also böser Asphalt im Hirn –
Denn: malträtiert von Erfahrungen, die
Alle gleich blöd sind

BIN ICH BIN, BIN ICH BIN

Jetzt wird alles bestens
Gefühlsecht total
Ein aufschießendes Werden
Über alles hinweg, rein in die Wolken

In Bewegung geblieben

Ausgehalten die Gedankenlosigkeit,
Die innere Leere
Auch emotional

Mitten in der Talsohle, Baumwipfel biegen sich
Der Sturm rauscht hindurch
Bis zum Ausgang des blauen Tals

Sonnendurchtränkt,
Eine Zeit mit
Guten Augenblicken der angenehmen Helligkeit
Des Geistes.
Aufgestiegen in die höheren Sphären –

Mit der frohen Bläue,
Die geliebt wird
Gedankengetrieben!
Immer höher auch,
Über die Himmel hinaus

All die Ereignisse,
Die es wert waren
Im Gedächtnis zu bleiben,
Niedergeschrieben –
Es wird alles lebendig,

Aus
Geschichten tanzen die Figuren …
Hier, wohl überall,
Wo Menschen zuhause sind
Kann gelebt werden

Keine Sorge, Philosoph

Wald, hier ein kleiner Wald.
Oder ist es ein Ort?
In diesen setzt man
Den –
Geborgen im Grün.
Es ist ein Mensch,
Philosoph mit Messer im Gürtel
Klapphocker unterm Arm
Und einer Pfeife im Mund!
Spricht wie ein Buch
Und hat immer ein Lied in petto

Ein Mensch mit
Lust am Abgang.
Gleich bleibt gleich bleibt

Tempo
Hügel runter, Pfade weiter, bis
Ins blaue kalte Nass des Flusses

Weiter immer weiter
Grenzen? Wo?
Auf dem Weg

Um auf dem Weg zu sein
Gerade, schräg und
Ein WIE AUCH IMMER

Ereignis Hoffnung

Hier, jetzt, nirgends sonst, auf dem Hügel
Imaginiert oder nicht.

Mit Blicken ringsherum: Wolken und Autoabgase, Köpfe
Als ein im Augenblick tatsächlich erlebbaren Wagnis

des morbiden Lebens, Leistens, Ausweichens der
Wahrheit!

Hin zu einem bisschen Hoffnung.
Und somit weg von der Normalität, wie man sie so
kennt.

Auf den Pfaden der glücksheischenden
Sehnsuchtsaussicht und
Dem Ich, das leiden soll, aber nicht muss

Sehnsuchtslos

Zwischen Buchdeckeln, nachts.

Später

In Kisten im Keller ..., auch

Auf Norderney

Auf den Flügeln des Jets, als

An der Grenze zum Wahnsinn

Der letzte Tag zu nichts zerfällt.

Geht ja?

Hmm, ja ... gehe jetzt in den Garten ...
Atme tief durch:
Heute ist es das erste Mal.
Die Azaleen liebe ich
In Wirklichkeit mehr als mich selbst.
Forever new and
Now: habe ich gerufen - und lese Schiller. Sitze.
Und mein Alltagsbegleiter sitzt
Wenigstens unter meiner Dusche
Beim Skat,
Als die Aufklärungsdrohne kommt ...
Echt geil!
Renne glatt zu meinem Geschütz

Aufführung in der Wüste

Ohnehin

Kein Glück. Unruhig und der Verzweiflung nah
vor der Wüste stehengeblieben.

Dann nachts im Zelt und
Morgens den Blick auf diese Einöde
Gerichtet. Intensive Eindrücke gewonnen

Weil es so abenteuerlich ist:
Hier Freiheit ohne Gleichen
Man kann hier einsam verrecken, keiner
Bemerkt dies!

Fähig, so fähig
Diese Aufführung in der Wüste JETZT …
Ja, ja die Leute applaudieren, sind begeistert
Nimmermüde weiter: Den Horrorzont vor Augen!

Verzweifelt

Nachts im Bett

Wühlend, auch nachdenkend

Wie der Automat, der ich bin, ausgehen könnte.

Hoffe, dass mich die Schatten nicht aushöhlen,

Verdammnis

Schrecken und … was weiß ich; jedenfalls:

Um den Morgen noch zu erreichen,

Zumal diese schöne, hässliche Welt zu umarmen.

Die des Mitmachens, sinnlosen Wirkens,

ja auch des Kitsches, des notwendigen Erfolges

und Misserfolges!

--- Ja, doch ---

In klaren Worten

Ich habe mich
Ausgeruht.
Glücksgedanken gehabt –
Geschrottet den Hass

Du hast Vögel
Und Katzen zusammengebracht,
Menschen und Dinos.
Alle gehören einander

Trinken aus einer Quelle

Schweben in die nächste Galaxie

Durch das Wurmloch im Schaberg

Moment Of Death

… endlich … kommt/ es kann bloß Sekunden dauern –
swishing away/ Öffnung schließt sich, man fühlt, alles
geht fort/ die Zeit endet abrupt/ nichts ist noch bewusst
Leben ist plötzlich Sterben, dann -----------------

ORTE
UND
RÄUME

Der Schaberg

Wurmloch?

Kennen dich, du Berg –

bist weltweit bekannt

und bestens ausgestattet mit Natur

aller Arten, aller Möglichkeiten.

Ab und zu kommt von dir

Eine Einladung, zu dir zu kommen –

Eine zum Verweilen.

Und frohsinnig, fast glückstrunken

Spazieren wir durch dich

Oder auf dir

Auf schmalen Pfaden

Durch Gesträuch und Gestrüpp

Mutig, ausdauernd, fit genug

Für alles –

Ab ins Wurmloch und durch es hindurch –

Herbstrauschen mit Traumbildern

Viele Berge

und ein bisschen Liebe

auf der Bude, Poster an den Wänden

Sehnsuchtsklingen, trouble, auch

bedröhnt

im Blick die Wälder

und hohen Dächer der Häuser

Menschen auf Nachtpfaden.

Ja Berge wallen, falten sich, Ebenen sind

erhoben.

Zeit liegt brach

ganze Kulturen.

Es herrscht keine Heiterkeit mehr!

Träge, kurz denkend

auf den Wiesen

zukunftslos ergeben den Visionen

eines Besseren, Möglichen.

Ein Hoffen beginnt, erhascht sich ein Stück des Nichts

in der Welt der Zufälle und vielen Tode

ein Denken birgt das mögliche Entstehen

einer neuen Welt in sich!

Faszinierend locker kann das Leben sein:

viele Berge

Wenn ...

Baumstämme wanken,
Äste sich tief verneigen
Und Dachpfannen
Ringsumher fliegen, dann
Spielt die Natur verrückt,
Sturm bricht los.
Das Dach des Hauses … !
Und alle Sorgen
Erweisen sich als begründet.
Die Notrufnummern
Werden gewählt.

Im Untergeschoss
Fühlt man sich sicher.
Aus dem Dachgeschoss
Flüchten jetzt alle.
Augenblicklich ist Natur
Der Feind, der Freund Ordnung
Lässt alle im Stich!
Man hofft auf Rettung,
Zur Antwort:
Sprüche, Rufe und Schreie,
Blaulicht und Sirenen!

Das Leben schien geglückt,
Manches
In guter Ordnung.
Die Zukunft aussichtsreich,
Doch alles wird weggefegt – !
Binnen weniger Minuten – !

Hier/Enden/Dort

Endlich am Ende

Ach, doch unendlich kein Ende

Endlos die vielen Enden!

In einer einzigen Linie – …

In allem, durch alles, aus allem heraus

Fortwährend

Hier, anderswo!

Hier/Enden/ - rundherum

Im Kreis gegangen, überall diese Kreise!
Anderen
Erging es auch so
Alles bewegt sich im Kreis
Oder in vielen Kreisen
Oder doch nicht?
Ich kenne sie, andere Bewusstseine
Hole sie manchmal herein
Und hebe sie als Bedeutungen
Ganz nach oben zwecks Beurteilung.
In ihnen kann ich AUFLÖSEN,
in den höheren Zustand bringen

Ortsbestimmend

Vom Ort
und dem, was er bedeutet
bestimmt,
so auch gebunden ans Haus
eigenes oder nicht.
Jedenfalls: kein Gedanke

an

Fortbewegung
und Veränderung
also wirklich lieber Kontinuität
und Beharrung
auf dem, in welchem
man wohnt, lebt

Was bleibt, bleibt
Wer bleibt, bleibt auch
„Altbekanntes ist gut!"
Ohne Suche und Finden,
also ohne Wechsel des Ortes –
sinnloses Neuverorten, Festsetzen

auf einem anderen Punkt
oder Sitz, der einen transportiert.
Doch vage Gedanken
treiben manchmal an
und sind schnell, unbeherrschbar
ins Leere zielend.

Oder geht's zu
Traumorten der Fantasie?
Kein Humbug, falsches Hoffen,
sondern Wahrheitsliebe zum
Besserwerden
Sich-selbst-verwirklichen oder zum Vollenden

Das kann
dauern, aber auch rasant
vor sich gehen:
allerorts, hier wie da, fern oder nah!
Ohne Aufenthalt
oder noch einen Halt im Leben: Angenehm?

Bin hier oder dort

Bestimmt in
Kalkutta oder Düsseldorf
Egal.

Identität
Hier eine Persönlichkeit
Anderswo jedoch vielleicht ein Narr

Rolle:
Spielen auf Teufel
Komm raus!

Ist das aberwitzig?
Muss man sich anpassen?
Es kommt auf das Wie und Warum an!

Ertragen müssen bis zur Befreiung des Geistes
Aus der Unterdrückung.
Dann die Krone auf's Haupt!

Mit der Axt aus Hartgummi
Gegen die Türen schlagen.
Rage mit Krone ist besser als zu verkümmern

Gesellschaftsverortet

Glaube daran
(an sonst nichts):
Existiere,
Ja ich glaube daran
Eben seiend, ohne Schicksal
Eben lebend, ohne Ziel
In den Straßen
Oder in Schachteln, gebaut.
Nicht in Sphären tags wie nachts.
Und zerfasert die Würde
Mensch zu sein
Mensch auch sein zu wollen
Für lange Zeit
Gegen Widerstände
Von woher auch immer
Da sind sie, die X.e:
Stören!
Behaupten, dass sie sich wehren
Behaupten, dass sie alles können
Behaupten, sie seien wichtiger
Behaupten, ihre Plätze seien angestammt
Behaupten, Menschen zu sein!
Behaupten, auch Tiere zu sein!
Glaube daran
(wie kein anderer):
Existiere -

Seltsam?

Hallo Du!
Mensch oder Tier?

Ist die Mühe, die Du Dir machst
Immer wieder überall

Prekär alles Tun zur Zielerreichung,
Das Schicksal herausfordernd

Betest und suchst,
und es will nichts klappen

Das wird was, wieder nichts –
Im Dämmer Deines Sein-könnens und der
Möglichkeiten

So bilden sich Schrullen
Marotten, Wähne

Auf dem Flachdach

In aller Kürze, schnell und schneller
Einmal, zweimal zwischendurch,
Ein Wechseln von Sätzen,
Vielleicht nur wenigen Worten.
Die Fenster sind alle offen
Vögel fliegen an ihnen vorüber,
ferne die Jets
auch Lichtstrahlen
rasen in das Weiß der Augen
Augen

ALARM Sätze schießen
Durch den Kopf
…
Der kurze Weg
Nach vorne zum Bürgersteig
Über rutschige Bodenplatten
Durch den Vorgarten
Und bis in die Morgenstunden
Und die Polizei heranbraust:
ALARM BEENDET

Wahr war, es sagte *dieser*
Viel Unsinn, viel Abwegiges
Närrisches
Eben: Sei als Mensch nur bodenständig
Und berechenbar,
Jedoch war es falsch,
Wenn auch nicht böse gemeint.
Dieser
Landete
Auf dem Flachdach nebenan

Illusionär

Im Glauben an jemanden
An etwas
An die Menschen, die Religion.

Im Denken gefestigt
Aber im Fühlen schwammig und dünnhäutig
.normal.

Ausgezehrt von den Eruptionen der Träume
Fürwahr Traumlandschaften
In Gegnerschaft zum Seienden, zum Harten der
Gegenwart

Schluckend die …

So gehört es sich!

Das ist zu hören -
Fragen über Fragen,
Antworten jedoch fehlen.
Werden Fragen gestellt,
müssen Antworten fehlen,
denn sonst fehlt doch der Sinn,
der der Demokratie
und Mitbestimmung
und Selbstbestimmung
und Menschenwürde
und

DOCH, es ist bekannt:
Wort
Satz
gehen schließlich den Bach runter
in der Mehrheitsmeinung

Es sei ...

Großes! Bestes! Als ein Kommendes!
Schönes Wollen, ein Hoffen, vielleicht
Nur leeres Hoffen:
aber das glaubt doch keiner
Keiner
Keiner.
Denn die Illusionen werden,
auch öffentlich, gepflegt.
Scheinbar angehoben Menschen,
doch begraben in sich selbst, verbogen.

Tosser spricht, meint,
redet auf andere ein
deklamiert fein
seine Geschichten, geschöpft aus Leben.
Eben: Es sei bald, werde!
Frömmelnd gegen die Sachen, die sind.

Erreicht er jemanden?
Er glaubt es wohl,
Redet öffentlich, privat – und in sich hinein.
Jedenfalls Zuhörern aus der Seele,
die ihr Eigenes bestätigt hören.
Nun ja, schöne klare Kunst des Wortes.

Im Schein geboren, redet im Schlaf am Tage,
verkündet Halbwahrheiten
und verkauft Lügen als Wahrheiten!
Hier
Jetzt
In Büchern und in Lesungen

Widernatur

Damit es Geheimnis bleibt,
Sind alle Blüten in Weiß gehüllt und
In Augenblicken eingefangen;
So treiben Dich Gefühle vorwärts
Oder rückwärts …
Du weiß es nicht.
Jedenfalls fort von mir,
Meinem Stück Boden in der Wildnis
Deiner Empfindungen.
Ich habe mich, zerfressenen Geistes,
In fragiler Natur
Teilweise Widernatur
In Ausuferung
Einer einzigen Verwüstung
Bei Eingrenzung
Des Ich in Form der Verkapselung, so
Als wäre ein Poltergeist zugange hier
Und dort als
Schreckenserscheinung für alle –
Natur wird gesehen,
Angezweifelt,
Bekämpft sogar, soll
Erhalten werden,
Wird zerstört:
Unsichtbare Auslieferungsurkunde ans Jenseits
Der totalen Prozessualität eines
Werdens zum Sterben und zum Tod
Feind Mensch
Mensch Feind

Das Blut in mir
Wird laut und lauter
Grell leuchtende Buchstaben am Himmel

Mütterchen: Natur

Aus dem hektischen
Und engen Großstadtchaos
In die Liebe!
Neonerleuchtete Großraumbüros und Industriehallen
Entlassen uns ins feuchte Grün der Landschaft
Fahren jetzt mit dem blauen Traktor
Auf einer Allee
Springen in den kühlen See
Voller Freude
Endlich angekommen, Freiheit fühlend
Jeder Atemzug wird genossen
Jeder Blick auf die Natur

Q. reibt meinen Rücken trocken,
dann setze ich mich auf den Holzschemel
unter dem Laubbaum
zähle die Ameisen und hasche nach Mücken.
Auf der Wiese frisst ein Pferd
Aus dem Gummireifen-Trog
Und jetzt will ich in das Erdloch …

Väterchen: Organisation des Kreislaufs

Das gibt es. Hierhin kommen
Und einfach
Für eine Zeit lang Mensch, Kulturmensch seiend
Länger verweilen und sesshaft werden
Mir Dir selbst
Anderen
Hier wie anderswo: Häuser, deren Türen offen
Hinein, hindurch und wieder hinaus:
Das sei das Wichtigste
Nach Abriss, Einsturz auch der Neubau
Vielleicht die schnelle Wiederkehr des Alten
Oder auch eben eines bedeutenden Neuen –
Das ist auch das Schaffen von *Sicherheit,*
Gewissheit
Dazu ein aufkeimender *Hass*
Im Wechsel mit lustvollem *Vergnügen*

Zweifel
Und doch immer wieder innere Gewissheit

Stoppen
Ach, dann doch wieder starten und fort

Ja, damals

ging durch die Natur,
tapsend und dann mitten auf der Wiese
auf dem Rücken liegend: schönes Zelt aus
Wolken in Weiß und Grau
das Himmelsblau dazwischen

…

Ameisenvölker, Fliegen und Mücken:
ein weniger fröhliches Miteinander,
die Spatzen wirkten nett in
der einfachen Natur.
Tägliches Erleben
ohne viel nachzudenken!

Das gab es ja noch:
erfahrbares Erdenleben
„wie immer", zumal
intensiv, als wäre sie ewig und
anregend für das Leben
ohne Fragen

Denke an die Blumen und Nutzpflanzen
in Beeten hinter dem Haus
Mutter hatte sie
pflanzte sie, ergab sich ihnen
konnte kaum anders
war täglich im Garten

LIEBES-

Liebe im Gedicht

Liebe ist heikel -
eine Fundgrube für die Sucher nach Gefühlen,
die meinen, sie zu brauchen
für die Beschwörer der Liebe auf der
theoretischen Ebene,
aber auch im Unterleib

Du glaubst also auch, es gehe um das Liebesgedicht
Mit dem Schönen und Angenehmen und Erfüllenden –
Ich hingegen glaube bestimmt, dass es unwichtig ist,
über Liebe zu schreiben

ja sich überhaupt Gedanken darüber zu machen,
was sie ist, bedeutet, sein könnte und all das …
und deshalb sogar einige Zeichen in die Tastatur zu
hauen.
Gnade dir, ja dir,
nämlich wegen der Dummheit
von diversen Gefühlstiefen und Gefühlshöhen!

Mensch brauche Mensch in gegenseitiger
Durchdringung
und Übertragung
durch das Sinnesleben in der Natur,
Körper an Körper, Geist an Geist.

Es reiche nicht das Leben selbst, mit Arbeit.

Natürlich, äh, natürlich

In den Stuben,
wo man sich aufhält,
falls nicht gekämpft wird,
wird gelebt

jeder Spind ist sauber und alles
ist vorschriftsmäßig geordnet.
Alle Soldaten sind perfekt gekleidet,
sie wissen, was Disziplin heißt.

Wenn der Feldwebel es will,
kommst du nicht;
sein Lächeln ist freundlich,
überhaupt ist er eine Seele –
Wenn der Feldwebel Durst hat,
dann schenkst du ihm ein,
überhaupt ist er selbst ein großes Gefäß

Das geladene Gewehr im Spind,
das Leben unterdrückt und
einheitlich verpackt.
Man hat nur Langeweile

man stößt sich an allem,
zeigt es aber nicht.
Zeigt nämlich gar nichts
vom eigenen Selbst

Angetreten! Draußen ist es kalt.

Die Schreie sind echt,
keiner will hier sein,
alle wollen abhauen –
Abgetreten! Der Platz ist jetzt leer,
die Stuben mit den Männern
bestens gefüllt - einsam ragend
bis unter die Decke –
entgegen allen Erwartungen,
rein!

Gef

Gef
Momentan
Tief
Durchdringend
Als typisch &
Normal bezeichnet
Göttlich &
Menschlich
Alles zusammen
Also einheitlich und
Zutiefst gut –
Güte pur, als Gefühl
Menschlichkeit total, als Gefühl
Zweisamkeit, Mehrsamkeit
Oder für dieses, jenes
Für's All, die Liebsten, das Land,
Arbeit …
Wird es definiert
Analysiert, beschrieben.
Oder nur gefühlt!
Gef

LiebeMut

Komm
In die Liebe

Komm
Verlier' keine Zeit

Komm
Verlasse alte, morsche Brücken

Komm
Trinke aus der Liebe Schalen
Und sauge aus ihrem Inneren

Auf, was Dich bewegt
Und weiterträgt!
Überwindend Grenzen –

Auf, zu den Inseln der Gefühle
Freien Gedanken, schönsten Wundern!

Verliere bloß keine Zeit,
auch nicht die Nerven,
greife zu, was Dich erfüllen kann!

Zum Thema Liebe

Alle Schwüre der Welt
Helfen nichts,
Blenden nur,
Lassen die Ratio entweichen:
Die Dummheit erblühen.

Alle Liebe der Welt
Nur Gefühl
Undefinierbar, – unverständliches Zeug.
Versteht keiner.
Sie versteht keinen!

Man braucht sie nicht,
außer für das Ego
und die geschmierten Abläufe des
DA SEIENDEN.
Alltäglich.

Nur Trottel schwören auf sie.
Versenken sich
Und denken einfältig
Gegen das Profane des DA SEIENDEN an,
Das am wichtigsten

Geschworen auf was, wen?
Vergessen darüber,
Entleert vom Sinn.
Blockiert der Verstand,
Seit die Dummheit auch noch regiert –

Das All ist irgendwo
in meinem Knopfloch verschwunden,
suche es intensiv,
finde nur meine Gedanken des Zorns.
Unerbittlich gegen mich gerichtet!

Thema X

In dir
In mir das
Thema X:
Es geht immer weiter.

Reden darüber,
schweigen
sitzen in der Gruppe,
tun es in derselben,
oder es wird rausgeworfen,
reinge-

Schatten der Erinnerung bleiben,
alte Initiativen.
Machen Sachen, krachen, dann ein Lachen
Man hält es für
alte Idiotien, falsch verstandene Freiheiten, eben
pure Dummheit – Ansteckungsgefahr!

Er, Sohn des Eros

ist ja schon geboren. Zeigt sich gern, seinen ganzen

Korpus, - seine Gedanken spielen mit denen der

anderen

geht gern allein, doch auch gern mit anderen. Sie

huldigen ihm, wenn er am Sprechen ist

Applaus ist ihm meist sicher

super finden sie ihn, beispielhaft, Wahrheiten

ausdünstend

in die Gegend, wo er lebt

die anderen auch, die ihn besuchen kommen

in heller Erwartung dessen, was dann auch eintritt:

Unterhaltung

Mann der Männer, Held des Vortragens und Vorlesens.

Sie liebt ihn

ihn liebt sie!

Denn er treibt es mit seinen Worten!

Mit denen kann er umgehen!

Sie schießen, zerreißen, mit ihnen brillant jonglieren, sie

aber auch einfach fressen und schnell wieder

ausspucken.

Ist immer noch nicht gestorben, schade!

S & L

Gehemmt zunächst.

Doch heran … In ganzer Gestalt erblickt, berühre und

küsse, auch hinein

Wie körperlos schwebend, allmählich in die Wolken der

Imago hinein, weiter und noch leichter, kaum existent,

kaum Mensch, in Auflösung befindlich, dann wirklich …

aufgelöst und ex

Das sei viel, sehr viel, schon fast die Vollendung des

einzigartig umfassenden und tief durchdringenden

Gefühls

Wunderbar scheinend ist dies durchaus – schlussend-

lich die Loslösung vom leidvollen Befinden und

anstrengenden Tun

Darin, darauf, darüber dann und immer weiter

Schließlich aufgelöst in den vielen Wolken dieser Imago!

Dann vollends DA.

Moment Liebe

Moment des einander Gegenüber-sitzens,

in dem Du mir etwas gibst,
unterworfen der Zensur des Gefühls, ein dann
fortfliegender Moment,
ins Jenseits, vielleicht doch Diesseits, zwischen das
Weiß der Augen -
angesichts der fatalen Begierde, befriedigt zu werden,
es scheint genial zu sein, ein Beobachter fügt hinzu:
wie im Buch, in all den tollen Büchern

Heiße Wünsche, man kommt vielleicht doch zu sich,
treibt eigene Späße, ist nicht desorientiert oder verrückt
oder dement, findet,
dass das Gegenüber trotz möglicher Niederlage scherzt

Ja, mal diese Erfahrung, mal jene, es darf auch heftig
einschlagen und ein kurzzeitiger Besuch der Hölle
werden.
Instinktabhängig, ohne Schein, jeder Instinkt hat
Wahrhaftiges

Momente später sitzen wir auf der Freudschen Couch,
Du stierst in die Luft, meinst
ich sei ein Geist

mit Röte im Gesicht
und hörend wissenschaftliche Begriffe,
bei aller Objektivität!

Das große Ganze

Ist das kleine Detail
Im Leben

Man kann es erkennen bei genauestem Hinsehen und
mit dem prüfenden Blick des wissenschaftlich
Gebildeten, der sich dafür die Zeit nimmt

Dafür braucht es keiner größeren Intelligenz, vor allem
braucht es das Verstehen für die MikroWelt, in der wir
leben

Denn, ja denn in vieles wird gereist, als wäre es groß,
dabei ist es in Nanogröße gegeben

In ihm wird Zeit ad absurdum geführt, Leben für Leben
genommen,
an sich seiend, für sich seiend

Sitzend mit dem fleißigen Specht am Baumstamm, hört
es sich an, als wäre etwas los

Als könnte man das tatsächlich greifen, nehmen und
essen

Es ist jetzt ja auch frühmorgens, flugs ... beobachte:
Minimäuse kommen und gehen nach getaner Arbeit auf
alle Fälle mit Geldscheinen im Taxi

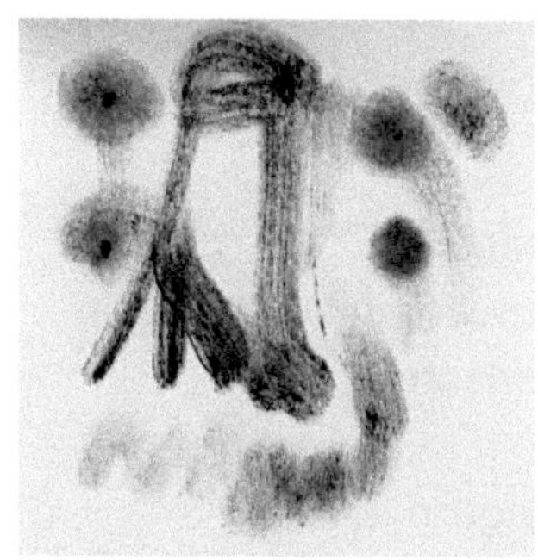

IM ALL-SEITS

Das All. Man will es

A

Raketen starten noch zu dem Zeitpunkt
Hochgeschätzt und tiefgestapelt: werden zu Lümmeln
In Himmelssphären, mancher Mensch
Kennt sich dort ja gar nicht aus,
Weiß seine Scham nicht zu verringern, die ihn
Drückt, ganz beherrschen will!
Und der Mensch, in sich selbst verkrochen,
hat begonnen, seine Flügel anzuschnallen,
um davonzufliegen in das,
was man Himmel nennen will;
sich dann
dazu aufrafft, unter und hinter alles
eigentlich nur vordergründigen Charakters
zu fliegen …
So ist entstanden eine Brutstätte von
Erkenntnissen … Wahrheiten … Ursprüngen gar:
Himmel, sich verlängernd ins weite,
nicht schnell endende All.
Keine Belanglosigkeit wird durchgelassen!
Alles Sein ist für das Wichtigste
reserviert, eine
sich ankündigende Neu-Welt!

B

Viel gesprochen über nichts, dann
zeigen sich Hohlwürmer an
umrandeten Augen,
durchdringen v. a. die Hülsen des Alltags,

mit dem wir uns nicht nur umgeben –
leidenschaftslos vielgestaltig monotaurisch

C
Nicht das Durchdringen,
nicht so ein Durch-ringen
haben sich in mir gezeigt;
nur Mutlosigkeit im Angesicht dessen,
was sich offenbar ins All hinein
verlängert –
sich aufschließend dem Werden
in Offenheit –

D
Erde noch im Aufbruch?
Sieht so aus –
Liebe kommt mit ins Kalkül,
hilft sinnvoll
die Menschlichkeit zumal,
während des Gesangs der
SIRENEN DER WISSENSCHAFTEN

Man will in den Kern, bis zum Ende,
vordringen,
ihn machtvoll konsequent durchstoßen –
und durch ihn hindurch existieren!

BIG MOUSE

Schenke mir nichts, denn
wirke hier, nicht irgendwo.
Beame mich ins Paralleluniversum,
in Millisekunden.
Schlucke Pillen zwecks Wachbleibens
und lande vor einer gigantischen
Fensterfront des BIG HOUSE
MITTEN IN DER BIG MOUSE

ROOF!

Ja, nein, keine Ahnung:

frei von Frust, auch von Skrupeln
schwerelos in Bewegung unter dem Dach
unter welchem Wolkendecken schweben –
Schattenkrieger Dich jagen, zumal
deutsche Politiker Blumen zertreten.

Nein? Ja!

kLEINfEIN
im All

Egal?
… durchatmend
Übernächtigt
Und wortlos
Ins Fadenkreuz geraten

Jetzt?
Mit dem letzten KI-Pferd
Durch das All –
Geistreich in die Sauerstoffmaske
Geatmet

Im hohlen Zahn
Steckt die technische Realität
Des fantastisch anmutenden
Personentransports
Im letzten Transporter zur Fluchtgalaxie

Wohin mit dem All?

Ins Klo.
Unter den Teppich.
In das Schubladengeheimfach.
Ins Buch!
Wohin auch immer ...
Sonderbar ist es allemal,
Wird abgeführt:
Das ganze All
Passt hinter den Fingernagel
Es ist einfach so,
explosivwirkendundfürimmer
Sprachen noch? Keine
mit Abo auf die Ewigkeit
erschauernd, einmauernd
Geist und Körper.
Wie?
Dehnt sich aus, wird überdehnt,
dann macht es Zisch
und das wär's dann:
von Gott wird keine Spur mehr auch nur erdacht.
Dieser alte Herr IST
für die Übriggebliebenen
lächerliche Schimäre

Universum: Große Ungewissheit-Gewissheit

Schlägt uns in ihren Bann, jetzt,
Wer weiß wie lange …
Fesselt auch den letzten Gedanken.
Trägt Menschen, ganze Gesellschaften
Durch die Himmelshöllen
Eines universellen Gefühlsnebels!
Fragen Fragen Fragen
Und, ja, wir müssen schlucken
Das Pech aus dem Trichter aller Existenzen
Elendsfroh und heilsfrei gegen nichts
Tendierend.
Nichts in Hirnen, auf Planeten, in
Galaxo-ähnlichen Sphären
Ohne Leben.
Wie wahr! Nur das!
Alles und auch nichts
Kann uns beschämen!
Leben endgültig weglassen
Uns durchaus
In das ewige Nichts
Hineinbewegen lassen
Schwarzes Loch:
Ein rasendes Hindurch
Ins Schwarz!

Am Überleben

Bin
Heute
Hier
Morgen
Dort
Als Wiedergeborener
Im
Milliarden Jahre entfernten
Zeitfenster „Xi", das von H. W. Wells hätte erfunden
werden können.

Ist das die Erde?
Vielleicht, aber sehe
kein Bild, das Aufschluss geben könnte.

Gibt es Lebewesen, Menschen?
Keiner zu erkennen,
kein einziger Körper identifizierbar.

Werde ich bleiben?
Hier bin ich selbst und bleibe es −
ohne Überlebenschance?!

SO OFT

Gebrochen –
Abgesägt,
Ohne Zuhause
In der No-go-Area
Driftend.
So oft
Genormt, zurück
Im dummen Spiel.

Im unauffälligen Kostüm
Auch gelackt; zerhackte
Sätze
Zerspringen auf den Zinnen
Der selbstgebauten Burg!
Sie steht im Niemandsland
Deiner, unserer Gefühle.
Du kannst Dich identifizieren!

Du kannst mitkommen!
Die Insel ist nicht weit,
Also in Siebenmeilenstiefeln
Über den Atlantik rüber
Zur Wahnsinnsprärie,
Wo diese Insel liegt:
Mitten auf dem Halbkontinent
Mit dem größten Militärapparat

Erdennatur – Aussterben

Man kommt nicht umhin,
festzustellen,
ob im Gedicht … oder auch anders, ja
auf anderen, noch auffälligeren Wegen:

Viel Natur wird es dann doch bald nicht mehr geben;
oder aber noch nicht bald!?
Um welche Zeiträume geht es?
Jahrzehnte, Jahrhunderte, Jahrtausende … –
Nun, die Evolution ist eine Macht in der Natur
und längst in ihren Wirkungen bekannt.
Statistiken sind nicht zu ignorieren,
Fakten sprechen für sich –
Wissenschaften fördern Fakten und Erkenntnisse zuta-
ge!
Eine wichtige Tatsache ist, dass
des Menschen Wirkmacht *gegen die Natur*
überragend ist -
man kann es Negativ-Wirkmacht nennen,
die brutal auf die Natur einwirkt, also
über das Wirken aller anderen
dominanten Lebewesen in der Erdgeschichte
weit hinaus …
Jedenfalls:
das Aussterben der Arten ist längst so gegenwärtig
in seinem Vorwärts, ein schneller, weltweiter Prozess
auf allen Kontinenten
in allen Ländern der Erde,
dass die Forscher die deutlichen Spuren
der ErdSELBSTVERNICHTUNG
nicht übersehen konnten!
Wir wissen!
Die Mehrzahl der Menschen hat Zugang zu den Infos

Wo? Brasilianischer Urwald

Erkundungsflug über dem Amazonasbecken,

nur wenige Menschen leben hier, sie

haben sich in dieser tropischen Landschaft,
einem Dschungel, eingelebt.
Die Hitze ist unerträglich, es bleibt immer sonnig
und manchmal stöhnen Sterbende –
Körperqualen sind an der Tagesordnung –
sichernde Maßnahmen, auch zur Stabilisierung,
seien nötig,
so sagte man.

Ich bin gelandet.
Gerade werden indianische Killer sichtbar, deren
Führer US-Amerikaner sind,
wahrlich keine Entdecker.
Schlimm?
Dort liegen offenbar große Goldgruben, man sucht und
sucht.
Menschen sind lebendig tot,

hier ist der Mensch wertlos,
wenig gilt das Leben,
alles das Gold.
Wer lebt, ist letztlich zu verschrotten,
langsam sich selbst immer weniger ähnlich.
Die Botschaft ist einfach: Gold oder Leben

Starte zwecks Erkundung, ein Flug, der gelingen soll
DOPPELPUNKT GEDANKENSTRICH

Es schmirgeln

sie, wie es scheint,

am Tor zur Ewigkeit, Ewigkeit,

so scheint ihnen die Zeit gekommen

und geronnen das Warten, ein Warten

auf das „Sei bereit!"?
WARTEN IST …
IST WARTEN?

Es schmirgeln

sie, Anwärter für dieses Dorthin

sie pfeifen von den hohen Zinnen,

mächteln und prächteln sich zusammen

durch die Zeitläufte,

genießend möglichst viel, ganz intensiv.

Es schmirgeln sie!

Und all die Möchtegerne

unter den Anwärtern, sie singen.

Was für ein wichtiger Anblick!

Ein tolles Anhören!

Die Klänge rauschen durch die Psyche,

fürwahr. Richtig ist:

Lebenslang ist das Sterben …

So, ja so

So, nein so!

Dieses eingehende Schmirgeln

ist nun verklungen, –

Liebens(un)würdigkeiten der Zeit

in der Zeit, sie haben sich einander verschlungen.

Gut?

Bist DU bereit, zu erreichen das Tor zur Ewigkeit?

So! Das Allerletzte

beginnt zu wirken, in DICH weit hinein

werdend im inneren Schweben,

ein Sterben im inneren Kriechen –

droht denn der Tod hinter diesem einen Tor?

Wirst Du dann endlich nicht mehr sein?

Naturaufenthalte

mit dem Rasenmäher

mit dem Rasenmäher
ineins.gehend
mit den.Grashalmen
erst einmal pausenlos
unterwegs, im Kopf
stehen Soldaten in Reih' u. Glied
ohne Gefühle,
abwärts, Gefälle
immer runter, aufwärts –
vor ihr regen sich wenige Zweige
sanft im Wind –
ein Riesen-Rhododendron –
im Kopf Dichterin und
laut summend.
Herausgezogen wird das Heft
und gestoppt, um zu schreiben.
Rechts hinten weiter außen
Schabernack treibt die Nachbarin
Alissa, und sie würgt,
im Fenster stehend,
ihr Butterbrot herunter
eilig
soziale Fäden spinnend
boshaft
gegen Unliebsame.
Stopp der schreibenden Rasenmäher-Frau!
Was man erreichen kann …
Baumwipfel winken freundlich
nirgendwo hin

Gesträuch und Büsche wirken magisch
anziehend; man könnte in ihnen verschwinden
Tatsächlich: Alissas Augenpaar
wischt, der Mund öffnet sich:
„Was machen Sie für einen Blödsinn!?"
Die Rasenmäher-Frau Eloise von Trotzhausen
wird mit einem Wortschwall geprügelt,
die wieder loslegt –
„Ich habe zu arbeiten!" ruft sie,
Alissa lacht hämisch.
Es summt der Elektromotor
Die Zeit wird genutzt,
wiewohl des Windes Gebläse
stört
IST DAS NICHT TOLL?
WIRD KREATIV GEARBEITET?
Oha, fantasievoll purzeln,
auf Texte sich zu stürzen,
sei ihr das Liebste, Beste
komme sich genial vor, berichtete sie
Ahloff, dem Wikinger,
wahrlich, sie lebt schier unantastbar
Prima Vera in der Straße der Verblendeten
Narren
und Bauern

Gesträuch

In den Sträuchern saß Hans Blum.
Sah den Freund
am anderen Straßenende,
ihn grauenvoll leiden –

An eine Linde
lehnte sich dieser an
und stöhnte, als wäre das
sein Ende –

In der Natur war er zuhause,
suchte Heim und Schutz
in ihr, sonst in nichts.
Deshalb war er hier!

*

Gerüchte … ,
nicht alles prallte von ihm ab,
düstere Gedanken bemächtigten
sich seiner!

Er war ein Opfer,
wenig gab's zum Lachen.
Ein Mensch noch,
doch litt er nur nurmehr!

*

Kaum war der Freund aufgestanden
und gegangen,
fragte sich Hans: Warum das Leid?
Dann rannte er zu seiner Freundin Ruth.

Bei ihr hämmerte er
verrückt auf die Wand ein;
es erschien der Freund auf dieser Wand
und grüßte ihn mit einem Nicken –

**stets tief verbunden,
mit der natur**

turne zwischen Grashalmen
lasse mich nieder
denke
und träume.

schwebe zwischen Zweigen und Ästen
steige weit empor
löse mich auf
schäume!

auf jedem Schiff des Lebens zuhause,
immer auf Reisen.
Kokse, singe und springe
auf dem Deck umher

ohnehin alternativlos ist ein sanftes Gleiten zwischen
Prinzipien und der Toleranz; Wegweiser braucht man
nicht

Die Sonne und ich:

Die Sonne und ich,

wir sind eines,

niemand und nichts wird uns jemals voneinander lösen

können

Ich sehe nun ganz deutlich

erstaunte Gesichter, protze mit meinem festen Willen -

dort halten sie Schwätzchen, meinen, sie hätten

Goldgruben entdeckt

Müssten nur noch loslegen, dann sei alles nur noch

Glück.

Jedoch ist das falsch!

Denn nur in mir läuft alles richtig ... die Sonne ... und

ich

reiße alles in mir ab, weil ich die Sonne herrlich liebe

Göttin in Vollendung, so dass ich, voller Energie, bald

mit meinen eigenen Händen Geister formen kann

Wetterfühlig

es ist so:
schwül, man fühlt sich unwohl, also
sitzt man auf der Bank, Einsamkeitsgefühl
aktualisierend,
es ist so,
als wäre man jetzt in einem Schrank,
mächtig, mächtig! Es war nie wichtig, nie bedeutend, nie
…
viele Dinge geschehen ringsherum,
ohne dass wir sie
in teuren Limos, Kinderwagen, Drohnen transportieren.

allein sitzt er auf seiner Lieblingsbank,
Grübler mit großer Rücksichtnahme auf die Menschen,
die ihn umgeben und die er selten schätzt, deren
Interessen nicht die seinen sind, Neigungen andere; die
Gedanken- und Gefühlswelten differieren krass …

Zuckerwatte genießend, will er sich möglichst bald
in angenehmen Gefühlen wiegen
mit Freund Andronicus aus dem Buch über Äckern
schweben,
mit seiner Klara die Liebe leben,

nun hat er die breite Ebene, von der Sonne beschienen,
vor sich,
zudem die schöne Ferne mit Bergesgipfeln, eine lange
Linie,
so dass er losziehen würde, wenn er es könnte, sofort
vom Hier ins Dort.

Oh ja, das dumpfe Hirn wird angeregt,
Sterne scheinen herunter zu plumpsen,

auf dem Display die Börsenkräche –
Müttergeschrei auf Spielplätzen –

In den Wald!

Herein, heraus
In größter Eile
Die Drohnen fliegen, kommen näher
Fast lautlos
Heraus, herein! Schnell, schneller …
Man muss der Schnellste sein,
kein Zurück
kein Versteck ist gut genug!

Jetzt ab ins Waldstück,
wo die Gräben gezogen wurden
jetzt hurtig hinein, wo auch immer
die Feindwaffe
der Feindsoldat –
Keine Frage, der Tod ist allgegenwärtig:
Das ist die Zerstörung
aller Natur!

Kaum kann man noch denken,
das Fühlen ist längst fort,
das nackte Überleben
ist alles, worum es geht!
Die Ziffern der Uhren stehen,
Leichen überall.
Nichts geht,
geht's noch?!

Spaziergang

Vogelgesang im Wald –
auf der Erhöhung sitzend, dieser grünen Bank und
zu Füßen Ameisen,
nachsinnend.
Weiter auf dem Pfad, schnell
in die Sonne hinein,
links und rechts Bäume und Sträucher,
dann dort ein Abhang –
unten der Autoverkehr;
beim Ausblick in der Kurve:
einsam ragender Stamm im gleißenden Licht
@Fliegengewirrrrr, nackte Gedanken, –
grell, man muss die Sonnenbrille aufsetzen
und stehenbleiben   des Tales Baumbestand
in Hülle und Fülle
hier, dort an des Weges Rand die Gräser,
Wurzelwerk zudem.
Mit Blicken auf die trockene Erde
Wahrnehmung des Selbst
und immer weiter!
Kein Wanderstock würde helfen,

keine innere Prüfung …
nun das Pony mit hübscher Reiterin, eine
Ungeduld wegen der Erschöpfung.
Jetzt zu sitzen wäre gut, zu hüpfen über
Stock und Stein
die Flügel ausgebreitet, im Steilflug zu Tale …
aber nein, das Bächlein rauscht und ein Baum ragt
zu mir herüber,
eine verrostete Radkappe scheint zu flüstern.

Plötzlich der ersten Brückenstreben Gewahr werdend,
Mountainbiker vorne kurvend, gehe ich …
werde dann
überholt vom Mann mit Rucksack,
während die Italiener fröhlich sprechen.
Wieder ein Aufstieg, Hundegebell ferne,
hinter mir Radfahrer, und ich erwarte gleich
das freie Feld mit Ruhebank … dann:
Mutter mit Tochter, welche
den sanften Wind genießen –
Geschrei der Fußballspieler auf dem
Sportplatz in der Nähe

Im Wald: Ein Dokumentieren

ohne zu verfälschen:
Otter neu und hier im Präsenzreich
der Begebenheiten in der Natur
entdeckt auf dem Weg
zum Bach, der nach unten abfließt,
dann sind da noch der lauernde Luchs
die kaputte Gitarre
und die Geherin mit angewinkelten Armen,
freundlich grüßend,
währenddessen die Straße
ganz weit unten am Fluss
den Geräuschpegel anhebt
im Weiter … haha …
abgelegte morsche Bohlen oberhalb
zwischen Bäumen und ein
wild rauschendes Gewässer einige Meter abwärts
rechter Hand!
Es beherrschen einen
gedankliche Verfänglichkeiten,
ja Vorsicht ist geboten,
und (bei vielem ist das so!) Dummheiten.
Jetzt
einen schnellen Blick dicht an der Borke vorbei wagend,
zuvor stehengeblieben;
beobachtete Vogelflüge und
der leichte kühle Wind
laden zum Verweilen ein.
Den Stift habe ich zur Seite geworfen.

Dieses Versprechen

Dies ist ein Versprechen an die Menschen:
Güte gibt es nicht,
doch die schöne Natur zum Genießen,
wie sie uns begegnen kann, wenn wir sie sehen und
hören wollen, sobald wir das Haus verlassen haben und
auf der Suche nach guten Naturerfahrungen sind.
Es muss uns dann einfach gefallen.

Saugen alles auf, alles Grün und Braun, wollen gar in
die Erde kriechen …
Dafür haben wir Zeit, brauchen sie auch –
oha, die Bäume, verweigern sie sich uns?

Kein Pardon denen, die sie schänden, die Natur!
Ruhm aber denen, welche wissen, wie groß ihr Wert ist
und die sie retten wollen unter dem Einsatz ihres
Lebens – !

Straße des Sechsjährigen

Nach dem Sommerregen:
Ein laues Lüftchen, und das
Nass kühlt die Haut.
Später wird die Hitzefront, so
Gegen Siebzehn Uhr,
Einen wieder zum Schwitzen bringen

Laufe zügig am Rinnstein der Straße entlang,
Spute mich zwischenzeitig,
Hier ist ein Garagentor, spinne
Mein Netz über die ganze Straße –
Bleibe stehen
Vor einem Hauseingang mit einem Herrn, der leise
singt.

SECHSJÄHRIGER weiter …
Sehe einen toten Salamander auf dem Bürgersteig,
Gucke neugierig hin und staune.
Weiter …
Und ich sehe den Hund des Nachbarn,
trete ihn, der viel zu laut bellt!

Ich muss lachen! Halte vor einer Gruppe mit

Im Garten spielenden Kindern an –

Ihre Mütter hängen die Wäsche an die Leine

Und wirken genervt, als

Ein Kampfflugzeug im Training

Über sie hinwegfliegt …

Ein politischer Ho-Ho-Extremist mit Plakat

An ihnen vorüberrennt,

Während ein Pritschenwagen voll mit Sand

Vor dem Haus stoppt,

Dann Arbeiter dem Fahrer des Betonmischfahrzeugs

Zuwinken

Die Sixties lassen grüßen,

alles in allem Buntheit, Frohsinn und Trivialität,

Ideologie plus Veränderung und ein Tschüss

Dem langweilig-muffigen Alltagsleben,

aber auch Arbeit, Geld und

die Sex-Revolution

garten, in dem man sitzt

hallo, angekommen,
die leute waren gepeinigt,
busfahren
ist kein vergnügen, wenn es voll ist.
jetzt könnte entspannung im garten helfen,
die stimmung zu heben,
etwas mehr noch, zu stabilisieren,
damit es zu mehr als oberflächlichem reden
kommt – es soll eine gute zeit werden,
ein mitten-in-der-natur sein,
wohlgemerkt: in der großstadt,
mindestens eine stunde lang,
bei kaffee, tee und keksen.
es ist dies hier ein netter chaos-garten,
mit hohem gras, farnen, brennesseln, laub
knapp am wildwuchs vorbei;
die katzen streifen unauffällig umher,
nachbarn, hinter sichtschutzwänden,
unterhalten sich,
gelaber hinten bei den leuten mit der deutschlandfahne,
vom marktplatz her dröhnt musik –
jetzt schlängelt man sich
durch das grün zum tisch rechts
und sucht endlich das gespräch

worum es geht … äh ging, äh gehen wird?
keine ahnung … ,
denn schon vergessen … (dementiell zersetzt)
wir sind eh keine Zwanzig mehr, ja (tatsächlich, es ist zu

sehen)
heute treffen wir uns, heiraten noch,
morgen findet glatt die scheidung statt (stört keinen).
es ist ein hexentempo und
unser alter ist nurmehr blitz-alterung
wie eine blitz-verjüngung.
Wo sind wir?
Wer sind wir?
Wo geht es noch lang? Etwa zurück?!

in allem hokus pokus:
DAS IST
UNSER STERBEN:
sehen es, bezeugen es und leben
permanent innig.
der zauber wartet auf seinen ausbruch
und er wird dann geist verströmen
mit aller macht
gegen die zeitströme und stürme
gegen die einzelnen, die einfach wollen, wollen wollen
gegen die mächte des bösen.
alldieweil ist alles irgendwie egal, nur
der broterwerb zählt
und die nächte des einander-bekriegens zählen ebenso

Am Folgetag

Kleines Anwesen.
Sanft gebettet
auf dem Grün,
die Mutter strickend auf der Terrasse
und Vater düst gerade die Einfahrt
herunter –
der Klipper droben,
dessen Pilot Winnie gerade grüßt –
links nebenan die kleine Fabrik
mit dem lauten Hammer –
ist das die Höhe der Zivilisation?
Winnie, eigentlich Winnifred,
hockte dann auf dem Blumenbeet
und weinte.
Sie hatte es geschafft!
„Kinder gehören ab Sechs in die Wohnung!"
Mutter Dörthe bestimmte

Am Folgetag
spielte Winnie auf der Wiese Federball,
dann wurde nackt geturnt, alles gegeben,
ja wie die Mutter Natur so frei,
als gäbe es wirklich Freiheit
im evolutionären Geordnet-sein
der Erdennatur:
Das Leben in der Erdennatur
besteht
wesentlich

aus
Auseinandersetzungen

Die Hecke

Wenn die Hecke – gegenüber liegt seit vielen Jahren
des Nachbarn Garagenhof mit viel Verkehr – geschnit-
ten wird, wird alles gut. So denkt Udo. Er hat sich eine
elektrische Heckenschere besorgt

Gedanklich muss man voll bei der Sache sein und blei-
ben, Konzentrationsmängel sind gänzlich unerwünscht,
Zielfixierung ist ohne Frage eine Notwendigkeit

Guckt der liebe Herr Nachbar, im grauen Kittel und grin-
send, herüber, dann ist es vonnöten, die Ruhe selbst zu
bleiben

Hin und wieder fliegen in diesem Fall auch dumme
Sprüche hin- und herüber, was Udo dann doch etwas
von der Sache ablenkt, es ärgert ihn. Er versucht dar-
über zu lachen. Aber der Nachbar würde es als Provo-
kation deuten

Jeder auch noch so freundliche Blick Udos wird mit ei-
nem bösen nachbarschaftlichen Blick quittiertDie Hecke

zu schneiden ist ein Projekt von mehreren Stunden Dauer, selbst wenn es keine Ablenkungen gibt – keine Autos, keine Passanten mit Bemerkungen, keine Emissionen von gegenüber, irgendwas …

Projekte wie dieses entbehren nicht des humorvollen gedanklichen und fantasievollen gedanklichen Sich-Auseinandersetzens mit Problemen. Man darf sich ja zwischendurch auch einmal in sich selbst verlieren

Das Kabel muss sehr beachtet werden; die Kabelrolle steht auf dem alten Kühlschrank neben dem blauen Bügeltisch; Wörter sind gerade in den noch feuchten Putz an der Wand gekritzelt worden: „U … o, du Narr!" Udo hat es gelesen

Udo lacht auf, als er feststellt, dass er versehentlich mit der elektrischen Heckenschere das Stromkabel durchgetrennt hat. Zum Glück nur dieses Kabel! Der Nachbar kommt, blickt streng auf Udo und verzieht sein Gesicht zur ablehnenden Grimasse

Wer es kann, der will es auch, so unkt der Nachbar. Er winkt mit seiner geballten Faust zum Abschied, auf ihn kann hier verzichtet werden. Udo hat keine Ahnung, was dieser Mensch meint – nie hatte er ein Gespräch mit ihm …

Udos Freundin Ulrike, eine fünfundfünfzigjährige Juristin, spurtet um die Ecke, das Haus ist gelb mit großen

Fenstern, das Dach ist rot, all die Schindeln sind braun:
„Lass die Leute doch …!" Udo würde gerne schmunzeln,
aber er bringt das nicht fertig

„Die Hecke muss ich fertig machen …!" Dies akzeptiert
Ulrike in diesem Moment aber nicht. Sie nimmt ihren
Udo, zieht ihn von der Hecke weg. Er lässt alles stehen
und liegen. Die Äste, Zweige und Blätter liegen im Be-
reich der Hauseinfahrt herum

Gerade ist der Nachbar Alfons Gurck mit einer Hecken-
schere erschienen …

Bäume wurden gefällt

Kennt Ihr ihn?

Man sagte schon immer „Ein Mann wie ein Baum",

doch hier war es anders

Bäume – im großen Garten mit Obstbäumen –

wurden gefällt, aber eben keine Menschen

(...)

man konnte leicht beobachten,

wie sie gefällt wurden

im Fenster saß ich, rauchte, sprach mit mir selbst

und guckte geruhsam zu,

doch auch mit einem Staunen,

es war einfach so,

dieser Achtzigjährige stieg auf die Bäume und sägte

sägte konzentriert und wirkte darin perfekt,

was unglaublich war,

es war wahr!

Für sich selbst war er ein Großer,

wenn nicht sogar der Größte,

als solcher schon ein bisschen einsam

und deshalb trotz seines hohen Alters aktiv

(Nun ja, warum auch immer, gefragt hatte ihn wohl

keiner!?),

na „Er kann das eben!" war zu vernehmen.

Mit seiner Arbeitsleistung beeindruckte er

–   hatte es ein Leben lang getan.

Mit Worten sparte er selten, prahlte …

ließ sich unter Menschen sehen, kannte sie

und sie kannten ihn, nickten ihm freundlich zu und

zogen ihn zu Rate, Berichterstatter von Heldentaten und

Wichtigkeiten,

im Nähkästchen schien er zuhause zu sein.

Das Altern schien ihm kaum zuzusetzen,

was seltsam schien, doch wenn man ihn näher kannte

war klar, dass es nur an Bewegung

und an seinen Genen lag!

Trotz seines Charakters konnte man ihn bewundern

Kätzchen Murmel

Braunes, hellgrau gestreiftes Fell
Gerade vom Fressen zurück
Im Streu gewesen
Verspielt hin- und her
Plötzlich um die Ecke gehuscht
Durch den Türspalt
Ins Zimmer, dann
Auf das Bett mit der Tigerdecke
Gesprungen
Und allein
Auf meinem Schoß
Ruhend
Einatmen, Ausatmen,
Herunter zu Boden auf das Schafsfell,
Dann: streckt alle Beine in die Länge –
Findet sofort Ruhe – und
Augen geschlossen und
Kurz vorm Einschlafen
In sich selbst zuhause –
Ganz Gelassenheit
Mit einem leichten Schnurren
Einem flüchtigen Aufschauen
Sich-reiben an der Hand, als würde sie sprechen wollen
Wie ein Mensch!
Dann kommt Lilly in mein Zimmer,
Habe sie angeschaut, sie
Liebt ihre Murmel, möchte, dass es ihr gut geht,
Weshalb sie eine Mozart-Schallplatte aufgelegt hat –
Das ist gut!
Das macht Freude!
Murmel ist kein Jahr alt,
Ein kleines Wesen, liebenswürdig, hübsch
und eine Seele von Katze

Dein Vogel

Kennst du den Vogel? Ja, den da!
Er ist in dir, in deinem Bewusstsein, macht sich
bemerkbar.
Ja, tatsächlich, auch im Käfig trällert er,
überall kann sein Käfig sein!

Willst du ihn behalten? Ich denke schon

Ich will dich Dinge lehren,
wie zurechtkommen mit allem, mit allen, also
Menschen und Tieren, mit den
Narren und den Klugen.
Im Käfig als auch in der Freiheit der Wälder, Felder und
wer weiß, wo sonst noch:
Keine Ahnung,
doch gerade dies ist egal
Willst du ihn behalten?

Eine Zerstörung auf Raten

Was ist daran politisch?

Menschen seien auch nur Tiere, ha, sie bräuchte man

nicht wirklich

Hätten Zerstörungsabsichten

Und mit der Klimakatastrophe der Gegenwart

Sei das bewiesen.

Es gehe ums Überleben aller Lebewesen!

Nichts sei besser, als endlich erkannt zu haben,

Wie wichtig es ist, dass alle zusammenhalten

Und dieselbe Politik aufziehen

Eine des Problemlösens zum Anhalten des Prozesses,

Der den Planeten zur Selbstvernichtung

Unter Führung der Menschen bringt

Das ist klar, es hätte längst so kommen müssen.

Die Einschränkung der Vielfalt der Arten

Und der Abfall der Menschen töten.

Des Menschen einzige Größe: die unbegrenzte

Fortpflanzung

In Massen, sie sei bloß negativ zu werden

Tiere sollten entscheiden können, um Leben zu retten –

Tiere! Tiere seien eher gute Menschen

Als die Menschen

Sie hätten ein viel, viel längeres Leben

In der Evolution hinter sich

Alle Menschen seien Zufallsprodukte einer

Höherentwicklung

Im Verlaufe von Zehntausenden Jahren

Eigentlich sind Leute dazu da, auch nett gefunden zu werden, doch sie machen es einem nicht einfach, da sind Tiere einem manchmal viel lieber, weil sie nicht sprechen können; man braucht für sie nicht denselben Nerv wie für Menschen, denen beizukommen oft ein Problem ist

Analysieren

Man muss nichts verneinen.
Alles Nein-Sagen
Ist unsinnig

Alles Ja-Sagen
Ist sinnvoll!
Keiner sollte verabsäumen, ja zu sagen –

Es gibt Tatsachen
Sie sind unverhüllt
Existenzen, Wesen, Dinge
In der Natur, überall im All allerseits
Ja, Tatsachen!
Nicht zu verleugnen, ja!

Einmal gefunden, vor Augen,
fangen sie einen ein, ob mikroskopisch oder –
berühren sie und können viel bedeuten;
über sie kann man lachen,
aber auch sehr ernstnehmen!
Lieben und hassen –

Natur ist weder gut noch schlecht –

Zeige sie, nehme sie wie sie ist

Beweise, dass es sie gibt – als Wirklichkeit

Mit ihren Ausprägungen, vielen verschiedenen

Alle Wege …

Wege nehmend, sowieso schon Wege genommen

Bald mit dem Zoom

Ins Gebüsch

Immer wieder, neu und besser

Immer wieder, gut und besser

Zeige allen, was los ist …

Bewegungen

Natur ist quasi alles

Man muss sie nur sehen, fühlen und verstehen

In sich aufnehmen

Als Phänomen auffassen, analysieren

Oder nur weiterfühlen

Im Park, hier …

frei zu sein für das Denken

Gerne auch den großen Wurf

In der Tradition aufgehoben,

dann abgehoben INS

Alles der gewaltigen Gefühle in Bildern:

totale Erfüllung!

Nicht im Morgen
Nicht am Arbeitsplatz
Nicht zwischen Buchdeckeln

Gegen das Triviale,
die Nacht der unheiligen Weltlosigkeit, ja
wertvoll in sich selbst, grandios frei

Glaubt Wahrheiten
und der Güte des Menschen
im Leben …

Schluckt keine Kröten mehr!

Auf Reise

abhauen statt hier weiter herum zu hängen,
die Lebensäste im orangen Rucksack,

blauer Dunst, Regenwolken – und Gras im Mund;
die Schönheiten der Erde!

unter fremden Bäumen in Tränen, Stunden später:

stehend nackt auf dem Podest vor Wanderern, ruhiges
Zuhören und
zaghafter Applaus

hey, dann wirklich eine Reise mit diesem einen alten
Reisekoffer ins ferne Siebengebirge, – angekommen,
eine schöne Zeit?

jedenfalls: in Unkel kann man es noch erträglich finden

auf dem Drachenfels dann, kichernd, wird

der schreibende Tourist zum Historiker: Vortrag vor
Seniorinnen und Senioren, als hätte er Ahnung

und wird anschließend auf einer Nebelbank sitzend
gesehen –

es kommt kein Frohsinn auf, entschwunden ist er wohl,
auf Nimmerwiedersehen,
so ein Natürlicher mit dem Hang zur
kruden Nachdenklichkeit

Vögel in Kasernen

Über mir fliegen sie, haben ihre Zweige
Zurückgelassen
Gehe auf dem Kasernenhof und reflektiere,
Wie es in diesem Moment möglich ist:

Bin mir nicht sicher,
oberflächlich betrachtet:
Arschloch, fanatisch und sich auskennend
im Hoffnungslosen, Aussichtslosen,
ja so treibt er mir entgegen!
Mein Seelenverwandter,
sieht aus wie ich,
ist so wie ich, tut ähnliches wie ich! Oder?

Gerade habe ich bemerkt, dass ich aus dem Fenster
Beobachtet werde. Der Unteroffizier grinst
Feist
Und zeigt mir den Vogel …

Der Asphalt unter mir ist brütend heiß, denn
die Hitze ist enorm,

meine Gedanken stürzen –

schnell und radikal kommen Tage als Wellenbrecher

meines Lebens, können töten.

So qualmt es aus mir heraus, hey

und ich will weg von hier!

Komm' doch runter, Mensch!

Ohne jede Empathie und Rücksichtnahme,

Ohne Hinterfragen pflegt er das

Heruntermachen.

Er wird mir immer verdächtiger!

Klar ist, er ist eine Gefahr.

Manchmal sagt er Nettes, meist

dröhnt es, ihm entfahren Schwachsinnigkeiten;

als überlegen will er gelten,

immer die Oberhand haben,

nie freundlich-diplomatisch sein,

es allen beweisen

klar: den Rest der Welt in die Schatten verdammen

ein Dämon

Seele baumelt, fällt ab

Seelen/Wolken, eine Fantasie

Die Bürden
Auf den Schultern wurden nicht entfernt – kaltes Wasser
ist wild geströmt

Die Blätter
Auf den Bäumen fallen nicht – es ist eine Widernatur,
die herrscht

Nackte menschliche Körper
Treiben im rot gefärbten Gewässer – alles war und ist
möglich!

Arbeiter sind nicht wegzudenken,
Auch wenn gern gerödelt wird, – nichts gelingt – alles
bleibt beim Alten!

Zwischen den rosa Wolken
Der positiven Hoffnungen und der Zuversicht:
Gern und gut muss es weitergehen – in wohlige Fanta-
sien getaucht

Kühe fliegen,
Die Mächte liegen im Clinch –
Zepter werden im Dreck landen, andere jedoch aufstei-
gen in Himmelshöhen

Und alles schaffen.
Am Ende besteigt deine Lieblingskatze einen Thron.
Ihr wird man huldigen

Morgens krank

nachts das Wühlen,
der Lärm der Straße gegen Sieben, Augen auf: oh ja
im Nacken schmerzt es,
die Oberschenkel jucken leicht
und das Kopfkissen liegt wieder neben dem Bett.
Es ist nunmehr eine geistige Nachgeburt frühmorgens,
in Rückenlage, tomtom
und unter dem Bett eine Sichel zum Vergessen –

alldieweil die Mächte buhlen um die und die, wenngleich
Lösungen kaum möglich, TV News umschatten das
Gemüt (Tablet an)

beträchtlich düster nimmt sich alles aus, man will lieber
liegenbleiben, um zu dösen.

Karottensaft verlockt kaum, Gras bleibt weg, die
Brotscheiben werden garantiert nur dünn mit Margarine
bestrichen

und so eine Nackte taucht aus Erinnerungsfluten auf,
mit Flügeln breit ausholend gegen Dummheiten,

Absurditäten und das irre Leben an den Tagen der we-
nig erfolgreichen Entäußerung …
sirenenhaft singend vor und zurück, ach, dann wird viel-
leicht alles noch einmal gutgehen
diese Nackte verschwindet plötzlich hinter dem inneren
Horizont, der bunt gegen die Fatalität der Zukunft
gerichtet ist

krank zu sein, der Natur bewusst ausgeliefert, heißt
jetzt, viele Schwächen sind zu spüren; das ist
schrecklich, wenn es andauert; man will dagegen
kämpfen, aber das klappt nicht richtig, und auch: keine
Zeit, gründlich nachzudenken; es ist nötig,
liegenzubleiben - - - - Zeit wird zur Farce; eben: keine
Zeit, die Formen zur inneren und äußeren Festigung zu
bringen. Es ist außerhalb der eigenen Befähigung und
Macht! Alles bleibt VERKANTET, SCHIEF, QUER,
SCHRÄG
Man soll an sich selbst arbeiten – wie, wenn man das
Liegen als einzige Option hat?

NARRENZEIT

Kriege
begonnen
digital und analog

Einschläge
hier, dort, ja fast überall - - -

<u>zerstört der Mensch sich selbst? Weit bis dahin kann es
nicht mehr sein!</u>

kaum noch Frieden möglich, denn die
Diplomatie ist gescheitert und
die Zeit der Narren ist gekommen!
hier bin ich gerade wie viele andere in der Stadt ganz
schnell in Deckung
gegangen,
es brennt, Tote en masse

Verletzte: im Verlies des Betons, Bunker genannt,
naturfeindlicher kann keine Architektur sein –
ganz im Dunkeln

nicht einmal schlucken kann man in der Situation, die
lebensgefährlich ist
hier gibt es keine Freunde, nur Mitleidende,
bald vielleicht schon Opfer

Schalk, wer das falsch einschätzt.

Krieg ist das größte Unglück,
tot, dessen Körper zerstört –
bis auf uns paar im Verlies, die letzten Überlebenden,
fünfzig Meter im Beton

dieNaturisttot
allesweg
auf der Erde, in ihr,

bis auf uns, die letzten Überlebenden

He ho! Es kommt gut. Bin hier, bin dort

weiß nicht genau, wo ich gerade bin, aber das bedeutet

nichts, wirklich …

Weil die Aufenthaltsverweildauer und

die konkret-tatsächliche Örtlichkeit in meinem

naturbedingten System keine Rolle mehr spielen

Wahrhaftig! –

überall blüht es, die ganze Zeit ist ein

Werden & Sein

in der Nacktheit der Lebewesen drückt sich die

Natürlichkeit von allem perfekt aus

deshalb habe ich meine Kleider in den Schrank ver-
dammt.

nun bewege ich mich – KI gestützt –
in vertrauten und fremden Räumen
auf Feldern, in Auen, in Wäldern, sogar in Wüsten
und starte so
durch, dass ich manchmal durch den Himmel düse

egal wo, ich bin
egal warum, ich bin
egal wohin es noch gehen wird, ich bin jedenfalls

tatsachen sind nur tatsachen
die anderen lebewesen leben wie ich
ich grüße alles und alle gleichermaßen

in der natur des immergleichen ist es vielfältig
aber keiner frisst mehr den anderen auf
kämpft um seinen „lebensraum"

Überlebensreise: Poetisches Statement

Unsere Erde leidet.

… das weitere Überleben hängt vom Wie-Leben ab,
denkt Mensch und kratzt sich zweifelnd am Hinterkopf
.

Alldieweil wird es in vielen Regionen immer heißer, die
Temperaturen brechen Rekorde
.

Keiner will das unkommentiert lassen, die Meinungen
schwirren durcheinander
.

Was unterlassen wurde, wird manchen klar
.

Wohin es genauer noch gehen wird, bleibt hingegen
ganz unsicher. Man diskutiert, plant …
.

Politiker üben sich in Begründungen für neues Handeln
und Tun, Mensch will es nicht immer als richtig
ansehen; „Verkopfte Leute" seien sie, ohne Sinn für die
Praxis, ohnehin nur am Geldverdienen interessiert
.

Weil die Hitzerekorde viele Leute doch stärker zum
Nachdenken bringen, wird gehofft, dass durch
organisatorische und technische Anpassungen
Besserung eintritt, Trends und Entwicklungen
gebrochen werden können
.

Ob unsere Nachkommen dies als ausreichend ansehen
werden …?! Geflutete Küstenregionen. Radikale
Reduzierung der Zahl der Tierarten. Wasserknappheit.
Die Menschen sterben aus

Meine Alex

Der Finsterbusch . des Morgens Frühe und
der Abfalleimer bunt bepinselt,
eine Rolex unter Blättern im Rinnstein.
Dieser Vorgarten mit Zwergen
aus dem Riesengebirge …

Bunte Kuh, meine Liebe,
diese Wohnung ist auch für sie offen …
ich höre erst ein schweres Atmen …
als
mit federleichten Schritten, fast schwebend,

ihre Klangformation manifest wird!

Sieh' mal einer an,
gerade hat es geklingelt –
in der Tür steht sie, die Alex, sagt:
die Schönheiten
in der Wahrnehmung anderer sind ja doch seit Jahren,
wenn man es genau sieht, so ziemlich
vergangen,
ich muss lachen und lotse sie in die Wohnung;
es höre sich das der Rabe an, hockend
auf dem Ast …! Am großen Fenster, das offen.

Ich, ja ich, Mensch, winke ihm freudig zu, –
Alex nimmt sich ein Russenbrot, kaut, sieht,
und staunt.

Wahrscheinlich will sie sich mit ihm paaren,
das ist die Natur!

Haha, so kommt es von ihm.
Verkündet: der Satz des Lebens sei,
im Krieg mit dir selbst, ein Spiel
mit wirren Schatten, –
versenkt die Truhen mit Gold

Alex hat sich auf den Boden mit den roten Platten ge-
legt, streckt sich,
im allerletzten Moment, ach ja,
ach nein: Signal!
Die Wörter

die Wörter, ihre, bleiben nicht im Hals stecken
nicht auf dem Holperpfad, den der Rabe für
sie erzeugt hat, liegen,
sondern

…

keine Ahnung, wo, vielleicht auf dem Grund des Sees,
wunderlich entstehend aus den Platten;
und in dem Schnabel des Raben ist doch eine
Wortbildung möglich.
Ich will mal hören

einstmals viel Sinn gesehen

schwarzer schirm

von strahlen erfasst?

unter dem schwarzen schirm
alleine auf dem weg
mit blick auf die zu hohe wiese
dann sitzend auf der nassen bunten bank.
die Dateien lassen sich nicht öffnen
in Ordnern liegen Tatsachen
für die zu sterben gut wäre
oder zu leben, als braunes Blatt
mittags zwischen arbeitspausen-gängern,
TATSACHEN SIND DIE DATEN IM SPEICHER

auf der wiese mehrere rundlinge, bemalt
jungen, die tollen und rufen
hinten die häuserreihe, weiter: der teegarten
wo gespielt wird, heißt es
ich bin gerade von der bank aufgestanden
und zockele den weg entlang
mit dem lied „sara comes" auf den lippen - - -

immer, wenn es zum pausenende geklingelt hat:

mit maulkörben, an den füßen ketten

vertieft in smartphones, mit dem ganzen hirn

es ist so:

man isst pausenbrote mit käsebelag und wurst

unter dem pavillondach, stangen ringsherum

ein stoppen

von zwei spaziergängern, einer mit Hund,

eine mit Schirm

vor dem mund!

hämisches oder ironisches grinsen!

zwei naturliebhaber sonnigen gedankens fangen

zu singen an, als es wärmer wird

und alle von strahlen erfasst werden –
ist das schön –
fabelhaft?

Begegnung mit einem Salamander

Durch den Tunnel gegangen
und Salamander *Auf der Stufe*
in diesem Augenblick
beim Treppensteigen
vor mir
ein feuriger, regungslos
bald fährt der Zug ein!
Hey Du! Spreche ich ihn freundlich an

Das Bahnhofsgeschäft läuft,
die Stille des Abends irritiert mich
durchaus, denke, es müsste
mehr los sein, ist es aber nicht.
Der Salamander
schweigt, weshalb ich
mich lächelnd über ihn beuge
und tätscheln möchte

blicke mich um, ob da noch einer
kommen könnte:
erst einmal nicht.
Also wird das Tier betrachtet, gestört
werde ich dann von einem
zornigen alten Herrn,
in seinen Augen erkenne ich Wahrheiten
Geschichten.

Der zieht jedoch, mit aufgespanntem Regenschirm,
verärgert ab
vorbei an den orangefarbenen Fahrkartenautomaten
und ich ich ich will eigentlich nur weiter,
sehe endlich, das Tier ist tot

und zwei Wanderer in roten Pullis
hasten, Rucksack auf dem Rücken,
an mir vorüber

Lecker, ein Gedicht?

Ein Glücksgefühl im letzten Moment beim Anblick des

scheuen Krokodils, welches alles zeigt, was es hat:

Ich lache dann grell auf, als ich in seinem Maul

verschwinde, das Smartphone …

geschickt bedienend:

ein großes Schluckgeräusch!

Lecker!

Eingegangen in die ewigen Jagdgründe,
der Tod ist ein Sterben ohne Ende
in dem Wigwam im Lager, krass,
so wird das
Sterben ein Leben
zu sterben
heißt praktisch
zu leben

keine lust

gerade aus dem omnibus gesprungen
eilig hat sie's
die große schwarze universal-tasche umgehängt
mit der Stimmung ist es nichts
die muss erst noch kommen
jetzt auf bäume klettern!
jetzt lieber flüchten …
vor anstrengungen, mühen
diesem sporttreiben in der halle
vorher: auf dem schmalen pfad bergauf
an dem eigen-anwesen mit
sicherheitsvideoanlage vorüber,
immer wirkt es geschlossen

pflichtprogramm fitness, es kotzt an
die leute? leute! sie reichen ihr
und gern würde sie sofort zurück
als sie … in der umkleide steht …
dann, nach viel geschwätz, in die Halle stürmt
neben und mit den anderen
viele bester laune und anscheinend motiviert –
manche dame lechzt fröhlich und spurtet unter dem
grellen licht, von oben herunter
zwischen die sportlich gekleideten älteren um die
sechzig, siebzig und achtzig
mit übergewichtigen körpern und bleichen gesichtern.
halt hier: trainer mit tolle und autoritärer bass-stimme!

Menschliche Natur

1

wir sind ja so menschlich, wir Menschen …
können nicht anders
als permanent zu klugscheißern
in trotziger Selbstgewissheit
bis zur Bosheit gegen die eigene Art
und so geht es weiter
gegen viele andere Arten,
damit sie nur ja aussterben!
Behauptet wird gern das Gegenteil –
wir sind ja so menschlich, wir Menschen …

Bahnhofsgaststätte *Zum Glück*, wo   Speisen, preis-
wert
Alkoholsturz ins Nichts, dann   Wiederauferstehung
kostenlos

Nun: Ein Treiben in höheren Sphären,
wenn auch nur vorübergehend
eine Welt im Kleinen,
Blasenbildung

Fürwahr schöne Zeit, die weitergehen soll
es aber nicht wird!
Die Dummheit triumphiert meistens,
Gemeinheit auch,
man könnte weiter aufzählen
lässt es aber sein.

sicher ist nur die Dummheit
des dominanten Lebewesens
sicher ist, es geht weiter
bis zum Big Nothing

Das reißt alles ins Off
nix JOKE im Off, Leerlauf, eh nix in Dir -
zerstört das Naturempfinden
alle Lebewesen werden zernichtet.
Menschlicher Wille,
inklusive Güte und Schöpferdrang,
technische und handwerkliche Fähigkeiten,
man könnte auch alles nennen …
werden nichts sein,
nichts bleibt

2

Versenkt ins
Eigene. Deprimiert
Noch hellen Geistes, doch abgeschossen alle Vögel
im Spalt zur Zukunft

aufgezogen alle Bergrücken aus Gummi
und die Polizisten-Puppen. Im Zimmer der Einsamkeit

und draußen:
das Gras wächst hoch und höher
da hilft kein Einsatz mit Sicheln mehr.
Das Grundstück wird von Baggern durchwühlt!

Depressionskreationen

bescheuert ist bescheuert,
da kannst du machen, was du willst,
es bleibt immer dasselbe,
ändert sich nie
die Schatten liegen schwer auf dir
Leben scheint nur Leben zu sein und
Leben ist Leiden, Glück hinter
Mauern verschwunden,
weit weg,
höllenfern …
Salbadern anderer lässt Nerven zerspannen,
als wäre Kommunikation nur die Pest –
nichts ist echt,
Lüge ist alles, alles ist Lügengeflecht.
Du guckst in Millionen Röhren
Auf Seifenböden rutschst du aus,
in Seifenblasen siehst du dein Zuhause,
so dass die Unwirklichkeit
dein Leben vollendend prägt.
Und zu einem perversen Leben
aus Schatten macht
Und der Wechsel von Nacht zu Tag
nur noch misslingt.
Deine Existenz im Universum
eine Innen-nach-außen-Verkehrung erfährt –
im Black Hole der Heimatgalaxie
auch dein Körper verschwindet,
doch erhalten bleibt und irgendwann
nach Äonen
eine Auferstehung auf einem Exoplaneten erlebt!

Eingebettet
in Schönheit

Stadt voller Menschen
auf Plätzen wurde gefeiert
auch in diesem kleinen Saal:
wir, vier an der Zahl, wurden eingeladen,
um hier zu lesen:
mit Vorfreude tanzten wir an,
ließen uns nieder und
tranken Vino Rosso, aßen Baguettes,
suchten mit zerfurchter Stirn
nach Antworten auf zahlreiche Fragen –
aus unseren Gehirnen stieg Rauch auf.

Schön!

Später:

Wolkenloser Himmel über uns
ein Genuss,
es betraten
winzige Herren mit Rucksäcken den Garten.

Strebten schon nach Minuten in Richtung Ausgang,
der auf der Wiese neben der Kathedrale des Geistes
gelegen war –
überall ein Gewimmel von Menschen.

Denn hier bebte

das Fest der fröhlichen Herzen,
der Himmel war in uns.
Zweifellos waren wir vier des

Guttuns mächtig, alsbald
suchten alle die Rettung unter dem riesigen
Sonnenschirm
und unter Dächern

DANN ...
ALS ALLES EXPLODIERTE

Schön!

Später:

ein wundersames Tun hob an,
praktizierte man doch ein
großes Fest der Engel und Menschlein
unter der Erdoberfläche.
Alle, wirklich alle waren angetreten
angetreten heute auch, launig zu schreiben.
Jedenfalls wir vier
gruben in unseren Hirnen
nach mehr Geschichten, die das Leben schrieb,
quasi mit dem Himmel auf Erden und
möglichst ohne Arbeit
mit viel Lust und ausgedehnten

Flügen unter der Erdoberfläche

Neue Erde X

Reisender. Expediert. Mit größtem Tempo. Exoplanet anvisiert.

Als der Frühlingsmorgen mich packt und umhüllt,

werde ich eines kurzen Glücksgefühls teilhaftig, trällere mit einem Vogel

Um die Wette

Sinniere, einen alten Motorradhelm auf dem Kopf,

Und der Radiosprecher spricht zu mir

Inmitten eines rasenden Heute AUF DER REISE

BILDSCHIRM

Erdling, der ich bin, bin ich auf der Suche

Wenn es auch nur Wissensgehalte sind, also wäre da

Die erste Entdeckung des Kontinents Amerika:

Der Wikinger hat es geschafft

Und im Vinland gründet er die erste Siedlung.

Dorthin fühle ich mich versetzt,

in einem Moment, einem solchen der grandiosen Erhe-
bung
mit Riesentempo!
BILDSCHIRM

Ich kann mich selbst finden,
gut werden, sein und bleiben, so hoffe ich.
Die große Erfahrung soll das sein
– Millionen sehen mich und jubeln, so ist das jetzt.
Bin allerdings nicht geschlaucht, nicht genervt,
ohne Wut und Zorn.
Neue Erde hat mich nämlich gerufen!

ANHANG

1 BILDER: Zwei Bilder – Originalwerke: schwarze Plaka
Farbe, gepinselt auf weißen Karton, DIN A4 Format;
später eingescannt, Computerdateien gebildet. Durch-
geführt von Kay Ganahl.

2 KAPITEL: Abstrakte Bilder, im Original mit schwarzen
Markern auf weißes Papier im DIN A4 Format gezeich-
net. Eingescannt, Computerdateien gebildet. Durchge-
führt von Kay Ganahl.

3 VITA: Kay Ganahl

aus Solingen, ist von Beruf Diplom-Sozialwissenschaftler und Schriftsteller. G. begann sich in jungen Jahren mit Literatur, Politik und Philosophie auseinanderzusetzen. In den 80er Jahren studierte er in Wuppertal und Duisburg Sozialwissenschaften (Studienrichtung Politische Wissenschaft; schwerpunktmäßig politische Theorie und Philosophie, Ideengeschichte sowie Sozialphilosophie). Er will mit seinen literarischen und wissenschaftlichen Beiträgen den zeitabhängigen gesellschaftlichen Entwicklungshorizont aufhellen. Gerade in Lyrik und Kurzprosa, aber auch in Kurzgeschichte, Erzählung, Stück und Roman ist er zu Hause, schreibt und veröffentlicht wissenschaftliche Bücher/Ebooks. Er veröffentlicht unter anderem im Selbstverlag. Beiträge in Anthologien und Zeitschriften sowie auf Literaturseiten im Internet („Internetliterat").

Das schriftstellerische Wirken wird mit eigenen gestalterischen Arbeiten in Buch und Ebook ergänzt (Fotos, Zeichnungen, Malereien). Außerdem organisiert und moderiert G. literarische Veranstaltungen, ist auch als Herausgeber von Büchern und Ebooks aktiv. Mitglied im Landesvorstand des Fr. Dt. Autoren-verbandes/NRW als Kommunikationsbeauftragter; Mitglied im Freundeskreis Düsseldorfer Buch `75 e. V., dort 2023-2024 als Vorstandsmitglied Schriftführer, seit 2023 Redakteur der Vereinszeitschrift „Der Gießerjunge", seit 2024 stellvertr. Vorsitzender. Gründungsmitglied der Solinger Autorenrunde und der Solinger Autorenrunde und Freunde.

https://de.wikipedia.org/wiki/Kay_Ganahl